더 많은 도전과 모험을
즐기는 개를 위한

우리개
스타탄생

지모네 되프 / 가브리엘레 메츠 지음

Trick Dogs

Green Home

더 많은 도전과 모험을 즐기는 개를 위한 **우리 개 스타 탄생**

contents

트릭도그 기초 연기

8	신뢰와 일관성
10	지시어
12	원격 조종
14	클리커와 잭팟
16	타깃 훈련
18	물건을 받아서 물고 있기
20	가져오기
22	소시지 물어오기, 청소하기
24	기어오르기, 앉기, 타기
26	타고난 행동습성 이용
28	동적인 동작, 정적인 동작
30	통과하기, 뛰어넘기
32	물건 주위 돌기, 잡아당기기
34	뒷발로 서서 밀기
36	땅파기와 살살 물기
38	구르기와 이불 덮기
40	절하기

프로트릭 ① 지시어로만 연기

44	기마병 행군
46	브레이크 댄스
48	죽기, 완전히 죽기, 다친 몸 끌면서 가기
52	오뚝이
54	귀 막기
56	앞발 접기
58	다리 절기
60	다리 꼬기
62	헤드뱅잉
64	메이크업
66	옷 벗기기
68	뒷다리 들어 올리기
70	신발끈 풀기
72	부끄럼 타기

프로트릭 ② 소품을 이용한 연기

76	빅 보스
78	스케이트보드 타기
80	상자벽 통과하기
82	줄넘기
84	꽃에 물주기
86	박스에 병 정리하기
88	쓰레기 분리수거
90	전화하기
92	물구나무서기
94	서랍 속에 들어가기
96	줄타기
98	꽃 들고 있기
100	낚시하기
102	거인이 된 난쟁이
104	우체통 속 우편물
106	오래된 모자

트릭도그 동료견과 함께 연기

110	쇼핑카트
112	다른 개 등에 올라타기
114	꼬리 잡아당기기
116	서랍장의 개들
118	꽃을 선물하는 신사
120	로마 전차

'Trick Dogs' 탄생 스토리

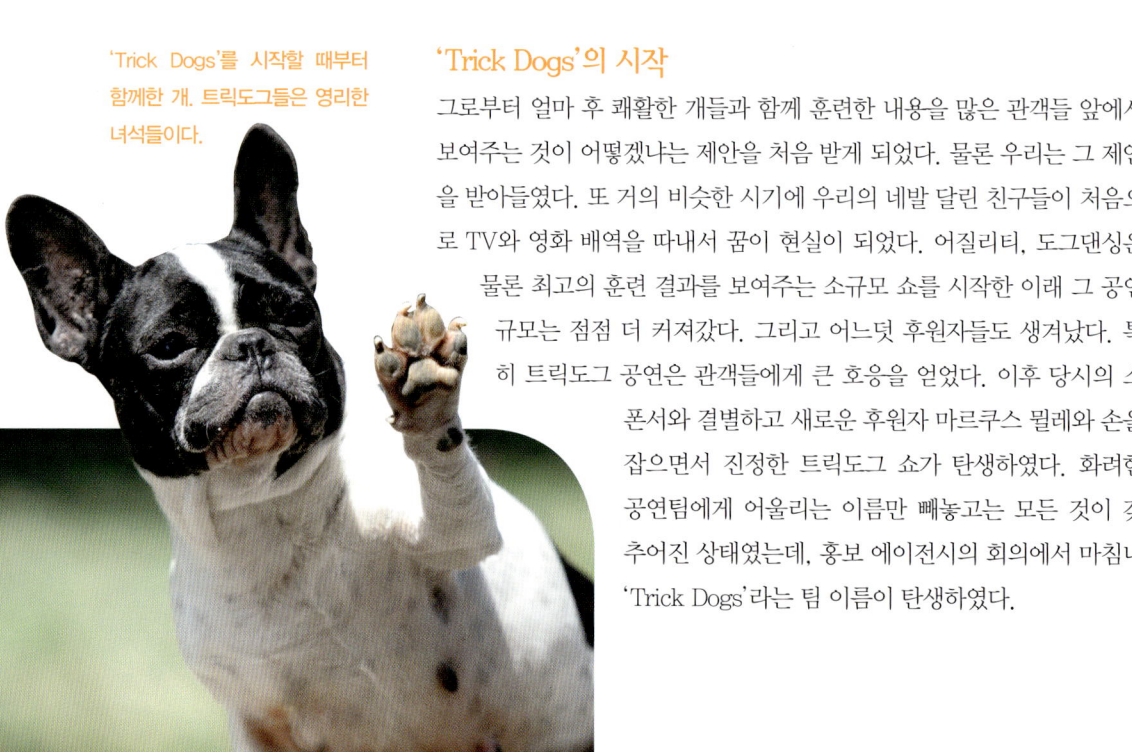

'Trick Dogs'를 시작할 때부터 함께한 개. 트릭도그들은 영리한 녀석들이다.

더 많은 도전을 원하는 개들

2000년에 이미 애견인들 사이에서 개와 함께 할 수 있는 새로운 활동을 찾고자 하는 소규모 그룹이 결성되었다. 나와 함께 생활하던 샤이엔과 다른 개들도 어질리티(Agility), 도그댄싱(Dogdancing), 구조견 등의 훈련은 금방 지루해져서 흥미를 잃었다. 그래서 우리는 개들과 함께 구르기, 뒷걸음질, 물건 물어오기, 식탁 차리기, 머리 흔들기 등 온갖 종류의 연기들을 연습하게 되었다.

'Trick Dogs'의 시작

그로부터 얼마 후 쾌활한 개들과 함께 훈련한 내용을 많은 관객들 앞에서 보여주는 것이 어떻겠냐는 제안을 처음 받게 되었다. 물론 우리는 그 제안을 받아들였다. 또 거의 비슷한 시기에 우리의 네발 달린 친구들이 처음으로 TV와 영화 배역을 따내서 꿈이 현실이 되었다. 어질리티, 도그댄싱은 물론 최고의 훈련 결과를 보여주는 소규모 쇼를 시작한 이래 그 공연 규모는 점점 더 커져갔다. 그리고 어느덧 후원자들도 생겨났다. 특히 트릭도그 공연은 관객들에게 큰 호응을 얻었다. 이후 당시의 스폰서와 결별하고 새로운 후원자 마르쿠스 뮐레와 손을 잡으면서 진정한 트릭도그 쇼가 탄생하였다. 화려한 공연팀에게 어울리는 이름만 빼놓고는 모든 것이 갖추어진 상태였는데, 홍보 에이전시의 회의에서 마침내 'Trick Dogs'라는 팀 이름이 탄생하였다.

'Trick Dogs' 팀

'Trick Dogs'는 그 후로도 계속해서 변화에 맞춰 적응해가고 있다. 개들에게 잘했다고 격려하면서 훈련하면 개들은 정말 생각지도 못한 대단한 성과로 보답한다.

이제 우리의 아이디어가 널리 퍼져 많은 개들이 우리가 제안한 방법으로 연기를 배우면서 즐거워하기를 바란다. 한때 비웃음거리로 여겨졌던 아이디어가 어느새 사람들에게 좋은 반응을 얻고 있어 매우 자랑스럽고 행복하다.

여러분과 여러분의 반려견들이 연습하고 도전하면서 더 큰 즐거움을 얻었으면 하는 바람이다.

지모네 되프

Trick dog
basics

트릭 도그

최고의 멋진 연기를 위한 기초 훈련

모든 도그스포츠는 훈련을 철저히 해야 하며, 항상 기본적으로 알아두어야 할 것들이 있다. 이것이 가장 멋진 연기를 만들어내는 기본 바탕이 된다.

기초 연기

신뢰와 일관성

훈련의 기초라고? 트릭도그 훈련은 사람도 개도 즐기기 위한 놀이 아니었나?
물론 그렇다! 하지만 즐기려면 개가 일정 수준 이상으로 교육되어 있어야 한다.
기초가 탄탄하지 않으면 재미있는 연기도 있을 수 없다.

개를 훈련시킬 때는 사람과 개 사이에 신뢰감, 친밀함뿐만 아니라 일관성 있는 올바른 지도와 규율이 성공하는 가장 중요한 기본이 된다. 그 성공에는 어떤 비밀이 숨어 있을까?

신뢰

신뢰는 시간이 쌓이면서 만들어지는 감정으로 개와 사람 모두에게 필요하다. 둘은 서로 신뢰하는 법을 배워야 하며, 신뢰하는 관계를 만들기 위해서는 함께 노력해야 한다. 개는 권위 있고 강한 자신감을 가진 무리의 우두머리를 존경하며 따르는 것이 본능이기 때문에 불안해하는 사람보다는 확신을 가진 사람에게 빨리 믿음을 갖는다. 왜냐하면 위험한 상황에서 나약한 우두머리는 무리를 제대로 이끌 수 없기 때문이다. 개는 자신 있고 당당한 사람들 옆에서 안정을 느끼며, 그런 사람을 잘 따르게 되어 있다.

친밀한 관계

친밀한 관계는 사회적인 접촉을 하면서 가장 잘 이루어진다. 예를 들어 개와 사람이 가깝게 지내고, 함께 무언가를 하거나 공동으로 과제를 수행할 때 생긴다. 그것이 쓰다듬거나 몸을 비비는 친밀한 스킨십일 수도 있는데, 그 중 무엇이 가장 효과적일지는 개의 특성에 따라 다르다. 스킨십을 충분히 많이 하는 것을 좋아할 수도 있고, 과장된 애정 표현을 좋아하지 않을 수도 있다. 그렇다면 어떻게 해야 할까? 걱정할 필요는 없다. 개와 교감할 수 있는 방법은 무수히 많다. 예를 들어 개에게 친근하게 말을 거는 것도 괜찮고, 또는 몸짓으로 호감을 표시할 수도 있다. 하지만 개의 입장에서 친밀한 관계를 단순히 사람과 개 사이로 한정지을 필요는 없다. 동료견들과 함께 뒹굴고 즐겁게 운동하는 것도 성공적인 교육만큼이나 중요하다.

일관성

일관성은 훈련을 성공시키기 위한 중요한 열쇠이면서, 가장 흔히 과소평가가 되기도 하고 오해하기도 한다. 일관성은 엄격함과 아무 상관이 없다. 그것보다는 정확한 지시나 지시 신호와 밀접한 관계가 있으며, 개들이 각각 지닌 욕구나 주변 환경과도 잘 맞아야 한다. 그리고 한번 확고하게 정한 훈련 지침은 지금은 물론 내일 나아가 더 먼 미래에도 일정하게 통용되어야 한다. 자칫 트레이너의 변덕이나 부주의가 개의 교육을 그르칠 수 있으며, 불분명한 신호나 지나치게 엄격한 훈련도 마찬가지이다.

규율

개와 사람 사이의 조화로운 관계는 규율을 전제로 한다. 개는 자기가 지켜야 할 한계선을 알고, 그것에 의문을 품지 않고 따라야 한다. 억압이라고 생각할 수도 있지만 결코 그렇지 않다. 명확하게 그어진 한계선을 지키라고 배운 개는 그 선을 기꺼이 즐거운 마음으로 지킬 것이다. 개는 자신이 해야 할 것이 무엇인지를 정확히 알기를 원한다.

지시어

훈련에서 개에게 어떤 특정한 행동을 요구할 때는 항상 같은 지시어를 사용하는 것이 매우 중요하다. 개를 오라고 할 때 한 번은 「이리 와」라고 하고, 다음번에는 「여기」 또는 「이쪽으로」라고 지시하는 것은 옳지 않다. 개는 지시어를 힘들게 익히고 있기 때문에 많은 단어를 접할수록 더욱 더 혼란스러워질 것이다.

단어 대신 휘파람 등의 소리나 몸짓을 사용할 수도 있다. 지시어는 개가 평생 동안 함께해야 하므로 신중하게 생각하여 단어를 선택해야 한다.

일반 훈련에서 사용하는 주요 지시어	
이리 와	개가 트레이너에게 곧장 온다.
와	개가 따라오지만 트레이너가 있는 곳까지 올 필요는 없다.
앉아	개가 앉는다.
일어나	개가 일어난다.
엎드려	개가 엎드린다
힐(heel)	개가 트레이너 왼쪽에서 대기한다.
가자	개가 리드줄을 하고 따라온다.
놔	개가 입에 물고 있는 것을 놓는다.
그만	개가 하던 일을 즉시 그만둔다.
안돼	「그만」과 같다.
그대로	개가 같은 자세를 유지한다.
기다려	개가 예를 들어 갈림길 등에서 기다린다.

트릭도그 훈련에서 사용하는 주요 지시어	
왼쪽	왼쪽으로 둥글게 돈다.
오른쪽	오른쪽으로 둥글게 돈다.
머리	머리를 숙인다.
손 들어	앞발을 반쯤 들고 그대로 있다.
절	절을 한다.
윙크	왼쪽 앞발을 들고 흔든다.
다른 쪽	오른쪽 앞발을 들고 흔든다.
손	오른쪽 앞발을 내민다.
하이	왼쪽 앞발을 내민다.
기절	몸의 왼쪽 면을 대고 옆으로 눕는다.
자	몸의 오른쪽 면을 대고 옆으로 눕는다.
으악	등을 바닥에 대고 누워서 다리를 하늘로 향한다.
옆으로 기어	옆으로 누워서 기어간다.
엎드려 기어	가슴을 바닥에 대고 앞쪽으로 기어간다.
뒤로 기어	가슴을 바닥에 대고 거꾸로 기어간다.
점프 또는 뛰어	물건이나 신체 일부를 뛰어넘는다.
높이	제자리에서 높이 뛴다.
차렷	엉덩이를 바닥에 대고 앉아 상체를 똑바로 세운다.
서	뒷다리로만 선다.
잡아당겨	물건을 잡아당긴다.
밀어	물건을 민다.
가져와	물건을 가져온다.
물어	물건을 입에 꼭 물고 있다.
치워	물건을 치운다.
파	특정 지점을 파는 시늉을 한다.
가만히	살금살금 온다.
천천히	연기를 아주 천천히 한다.
왼쪽 굴러	왼쪽으로 구른다.
오른쪽 굴러	오른쪽으로 구른다.

지시어 정하기

상상력을 발휘해서 각 지시어 대신 휘파람, 몸짓, 다른 간단한 단어 등을 사용할 수도 있다. 복잡한 연기를 할 때는 여러 개의 지시어를 함께 사용할 경우도 많은데, 개들은 학습능력이 빨라서 '여러 단어가 나열된 형태의 지시'도 문제없이 이해한다. 또한, 많은 지시어들이 연습 과정에서 생겨나기도 하므로 시험 삼아 시도해보는데, 외국어도 개에게는 별 문제가 안 된다. 중요한 것은 한 번 정해지면 계속 같은 지시어를 사용해야 한다.

원격 조종

원대한 무대 출연의 꿈! 트릭도그 훈련을 시키는 사람들에게는 이 목표가 결코 꿈만은 아니다. 트레이너와 멀리 떨어져서도 숙련된 연기를 보여줄 수 있다면 더욱 더 그렇다. 이때 개가 트레이너의 신호에 따르고 있다는 것을 관객들은 알아채지 못해야 한다.

개들은 유리창을 통과하기 위해 점프를 하고, 불이 붙은 벽을 침착하게 재빨리 통과하거나, 목적 의식을 갖고 꼭꼭 숨겨진 물건들을 찾아낸다. 이처럼 연기견들이 하는 모든 것들이 놀랍기만 하다. 마치 보이지 않는 손이 조종하고 있는 것 같은데, 이것을 가능하게 하는 것은 마법이 아니라 능숙한 원격 조종이다. 트레이너가 어딘가에 숨어서 정확한 신호를 보내 어떻게 행동해야 할지를 지시한다. 하지만 트레이너는 관객이 알아채지 못하게 멀리 떨어져 있어야 한다. 이렇게 원격 조종이 가능해야 영화에 출연해 연기를 선보일 수 있다.

연기견이 아니어도 정말 유용하다

영화에 나오는 스타 개들이 트릭도그 팬들의 우상인데, 트릭도그 기초 훈련에 원격 조종이 포함되어 있다. 우리 개가 연기견이 아니라면 혹시 전문 사진모델로 활약할지도 모르고, 이때도 원격 조종이 된다면 정말 유용한데, 이 또한 트레이너가 카메라 앞에 자주 나타나면 안 되기 때문이다.

트레이너는 무대 뒤의 지휘자이다

원격 조종의 가장 중요한 전제 조건은 개가 의욕적이고, 지시를 잘 따르도록 훈련되어 있어야 한다는 것이다. 그런 개라면 「앉아」, 「엎드려」, 「일어나」 같은 가장 기본적이고 핵심적인 지시어들을 활용하여 점점 더 멀리 떨어져서도 지시를 따르게 할 수 있다. 다른 트릭도그 훈련도 마찬가지이다.

멀리 떨어져서 연습하기 전에

트레이너는 항상 같은 방법으로 연습을 시킨다. 우선 개에게 아주 가까운 곳에서부터 지시를 하는데, 지시어를 외친 다음 개가 지시한 대로 따르면 칭찬한다. 이때 클리커가 아주 효과적이다. 개가 지시대로 행동하면 트레이너가 클리커를 눌러 소리를 내면서 보상을 해준다. 간식을 주거나, 쓰다듬거나, 좋아하는 장난감을 주는 등, 효과적인 칭찬 방법은 개에 따라 다르다.

장애물로 거리 간격을 두고 연습하기

개가 가까이에서 하는 지시를 모두 따른다면 이제 거리 간격을 두고 조금씩 떨어져서 연습할 차례이다. 개가 트레이너를 따라오지 못하게 전체 과정의 난이도를 요령 있게 높여야 한다. 이때 어질리티 훈련용 테이블, 서랍장, 못 쓰는 식탁이 매우 효과적이다. 개가 높은 단상 위에 올라가는 순간 앞으로 못 나가고, 어떤 개들은 경계석을 세우는 것만으로도 앞으로 뛰어오려는 것을 확실하게 막을 수 있다. 안 되면 좀 더 짧은 거리의 연습 단계가 필요하다. 또한, 개가 먼 거리에서 하는 지시어를 잘 따른다 해도 트레이너가 한 번씩 테이블 가까이에 가서 지시어를 말해줘야 한다.

클리커와 잭팟

'클릭'은 어떤 것을 확실히 한다는 의미이며, '잭팟'은 로또당첨 같은 큰 행운을 연상시킨다.
하지만 이 둘이 개 훈련과 많이 관련 있다는 것을 아는 사람은 아직 많지 않다.
트릭도그 훈련에서 클리커와 잭팟을 함께 사용하면 큰 성과를 얻을 수 있다.

기적의 도구, 클리커(Clicker)

많은 트릭도그 트레이너들이 클리커 효과를 확신한다. 클리커는 개 훈련을 엄청나게 단순화시키기 때문이다. 엄지나 검지로 눌러서 '딸깍' 소리만 난다면 특별한 클리커이든, 다른 소리가 나는 클리커이든, 낡은 클리커이든 상관없다. 중요한 것은 트레이너가 지시한 행동을 하자마자 들려주는 클리커 소리를 개는 칭찬하는 신호로 인식한다는 것이다.

클리커 소리와 특정 행동을 연관 짓기

자신이 어떤 행동을 해야만 칭찬의 클리커 소리를 들을 수 있는지 개 스스로 알아내는 것이 아주 중요하다. 그러기 위해서는 개들이 열심히 두뇌운동을 해야 하며, 클리커 소리를 들을 수 있을 때까지 여러 가지 시도를 해야 할지도 모른다. 그러나 직접적인 보상이 따르는 순간은 기억 속에서 잊히지 않는다. 개는 특정 행동과 클리커 소리의 상관관계를 금방 알아채고, 다음부터는 아주 의욕적으로 스스로 행동하게 된다. 이때가 그 행동과 특정 지시어를 연관 지을 절호의 기회이다.

정확한 타이밍

그러나 이것이 전부가 아니다. 클리커는 특정 지시어에 따라 행동할 때 그 효과를 높이고 증폭시키는 데도 도움이 된다. 더 빠르게, 더 천천히, 더 정확하게 만들 수 있다. 이제 세밀한 관찰이 필요한 순간이다. 왜냐하면 정확한 타이밍에 맞춰 클리커로 칭찬해주는 것이 중요하기 때문이다. 동적인 동작, 정적인 동작 모두 똑똑한 훈련도우미 클리커를 이용하여 놀랄 만큼 세밀하게 조정할 수 있다.

강한 동기 부여가 되는 잭팟(Jackpot)

클리커만큼이나 인기 있고 요긴한 것이 바로 잭팟이다. 여기서 잭팟이란 로또당첨 같은 것이 아니라 강력하게 동기 부여를 해주는 촉진제를 의미한다. 잭팟은 한 움큼의 간식이나 좋아하는 장난감이 될 수도 있으며, 목줄을 하고 끈기 있게 기다린 끝에 주어지는 자유산책 같은 후한 보상이 될 수도 있다. 이처럼 잭팟은 특별히 정해져 있는 어느 한 가지가 아니라 개에 따라 달리 주어지는 것이므로, 개에게 가장 큰 기쁨을 주는 그 무언가가 바로 그 개만의 잭팟이 된다.

슈퍼스타를 위한 선물

그럼 언제 잭팟을 터트릴 것인가? 소소한 훈련 단계가 끝날 때마다 매번 잭팟을 터트리는 것은 아니다. 그러면 의욕을 북돋아주는 효과가 금방 없어지고 만다. 잭팟은 개가 훈련에서 아주 큰 성과를 이루었을 때만 주어져야 한다. 즉, 탁월한 연기를 해냈거나, 특별히 어려운 훈련 단계를 마쳤을 때 등이다. 잭팟이 터지는 몇 초간은 개가 스타가 되는 순간이다. 이 방법은 단순하지만 혁명적이다. 왜냐하면 개는 멋진 모습을 연출하고, 주목받고, 사람들에게 축하받는 것을 아주 좋아하기 때문이다. 따라서 훈련이 성공한 날이면 잭팟을 받고 싶다는 마음이 더 커질 것이다. 트릭도그 트레이너는 이 점을 잘 이용해야 한다.

타깃 훈련

타깃(target)은 영어로 목표, 목표물을 의미하며, 타깃스틱(Target-stick, 교편)은 한눈에 학교 수업을 연상시킨다. 좀 더 구체적으로 말하면 선생님이 칠판 내용을 가리킬 때 쓰는 지시봉이다. 이것이 개를 훈련시킬 때 사용된다는 사실은 비교적 최근에 알려졌는데, 훈련 결과를 보면 그 효과를 확실히 알 수 있다.

최고의 터치타깃(Touch-target, 목표물 터치)은 지시봉으로 터치할 방향을 가리켜, 망원경에서 초점을 모아 주는 것과 같이 개의 시선을 끌어 목표물을 터치하게 하는 것이다. 그 지시봉으로는 라디오 안테나 끝에 띠를 두른 막대가 가장 적합하다. 이제 이것을 어떻게 사용해야 할까?

타깃스틱을 사용하는 방법

타깃스틱을 개의 코앞 약 40㎝ 떨어진 위치에서 잘 보이게 들고 있는다. 이 행동은 개의 호기심을 자극하여 타깃스틱의 냄새를 맡으려고 할 것이다. 개가 코를 타깃스틱에 대는 순간 이미 첫 번째 학습목표에 도달한 셈이므로, 칭찬을 듬뿍 해주고 이 과정을 반복한다. 이것은 단순하면서도 재미있으며 이렇게 하는 데에는 당연히 숨은 의도가 있는데, 타깃스틱은 이후 먼 곳에서 개의 시선을 조종하는 역할을 하게 된다. 또한, 손을 안 대고도 타깃스틱으로 개의 몸 방향을 바꿀 수 있다.

소시지 냄새가 기적을 일으킨다

드물게 타깃스틱을 무시하는 개들도 있다. 그럴 경우에는 타깃스틱 끝에 소시지 냄새를 묻히면 효과가 뛰어나다. 개가 반드시 타깃스틱에 코를 갖다 대려 하는데, 이때 칭찬을 해준다. 나중에는 차츰 냄새 없이도 적응하는 연습을 해야 하는데, 훈련할 때마다 유리병에 소시지를 넣고 다니는 것은 매우 성가신 일이기 때문이다. 해결 방법은 타깃스틱 끝의 소시지 냄새를 점점 없애는 것이지만, 더 중요한 것은 손으로 보상해주는 것이다.

앞발 갖다 대기

트릭도그 훈련에서 또 하나의 효과적인 보조 방법이 스텝타깃(Step-traget, 진보한 목표물)이다. 트레이너가 손에 간식을 숨기고, 개가 간식을 따라오게 한다. 이때 간식을 숨긴 손이 바로 스텝타깃이다. 개가 냄새를 맡으면 대개 앞발로 긁거나 혀로 핥아서 간식을 꺼내려고 하는데, 트레이너는 개가 앞발로 손을 건드릴 때만 간식을 쥔 손을 펴야 한다. 대부분의 개는 연관성을 빨리 깨닫고 간식을 쥔 손에 앞발을 갖다 댈 것이다. 이때 개가 항상 같은 쪽 앞발을 대게 한다. 보통 개는 자주 사용하는 앞발을 갖다 댈 것이다. 이제는 좌우 균형을 맞추기 위해 다른 쪽 앞발을 연습할 차례이다. 간식을 다른 손에 숨기고 개가 그 손 위에 늘 사용하는 앞발을 올려놓으면 손바닥을 펴지 않고, 다른 쪽 앞발로 시도하면 바로 손을 펴서 간식을 먹게 한다. 이런 방식으로 훈련하면 특정 앞발을 사용하도록 조종할 수 있으며, 그것은 어느 쪽 손에 간식이 있는지에 달려 있다.

파리채를 스텝타깃으로 이용한다

다음에는 파리채를 스텝타깃으로 이용해 보자. 파리채 훈련은 상상할 수 있는 모든 물건에 개가 앞발을 갖다 대도록 교육시키는 데 도움이 된다. 우선 트레이너는 평소처럼 손을 내미는데, 이때 스텝타깃을 손에 쥐고 있는다. 개가 앞발을 손에 대려고 하면 트레이너는 파리채에 앞발이 닿게끔 손을 뒤로 뺀다.

물건을 받아서 물고 있기

「가져오기」는 예전부터 늘 해오던 고전적인 개 훈련이지만, 새로운 훈련들은 기본기가 갖추어지지 않으면 대부분 불가능하다. 따라서 트릭도그 트레이너들은 「물건을 받아서 물고 있기」, 「가져오기」, 「청소하기」 등을 기본 훈련으로서 가장 중요하게 생각한다. 왜냐하면 이 기본기들을 활용하여 수많은 흥미진진한 예술적 연기로 발전시킬 수 있기 때문이다.

훈련의 첫 단계는 「물건을 받아서 물고 있기」이다. 개가 장난감으로 여기지 않을 물건을 선택하는 것이 가장 좋다. 개마다 다르겠지만, 예를 들어 볼펜이나 양말처럼 흥미를 갖지 않을 물건이 좋다. 방법은 먼저 평소와 다름없는 편안한 분위기를 만든다. 그리고 물건으로 개를 성가시게 한 다음 말과 몸짓으로 그 물건을 입에 물게 유도한다. 이것은 누구나 금방 성공할 수 있으며, 이때 최대한 빨리 칭찬하는 것이 중요하다. 가령 개가 물건을 입에 받아 물면 바로 머리나 목을 부드럽게 쓰다듬어주는 것이 좋다. 대부분의 개는 손으로 턱 밑을 부드럽게 만져주는 것을 좋아하는데, 개가 이 상황을

칭찬이라고 인식해야 한다. 어떤 칭찬 방법이 가장 효과적인지는 개에 따라 다르므로, 직접 해보고 가장 효과적인 칭찬 방법을 찾아낸다.

물건을 입으로 물지 않는 경우

물건을 잘 물지 못하거나 물건을 입에 무는 것을 거부한다면 클리커를 이용한다. 개를 물건에 주목시키고, 처음 물건을 바라보는 순간부터 클리커를 눌러 격려한다. 다음은 개가 입으로 물건을 물도록 유도하는데, 처음 코에 물건이 닿자마자 클리커를 누르고, 처음 입에 닿는 순간에도 클리커를 눌러 보상한다.

이 연습을 클리커를 이용해서 하려면 예전에 이미 클리커로 훈련한 경험이 충분히 있어야 한다. 그렇지 않으면 개와 트레이너 모두 새로운 연기의 기초를 익히는 것이 너무 버겁게 느껴져서 실패할 수 있다. 한 번에 하나의 과제를 진행하는 것만으로도 힘든 과정이므로 우선 기초 훈련을 마친 다음에 연기 연습을 한다.

입이 약한 개를 위하여

대부분의 개는 입이 아주 부드러워서 딱딱한 물건을 입에 무는 것을 좋아하지 않는다. 이 경우에는 부드러운 훈련 소품을 사용해야 개의 호응을 이끌어낼 수 있다. 즉, 볼펜 대신 양말을 사용한다. 어떤 연기에서 딱딱한 물건을 물어야 할 경우에도 단계적으로 차츰 적응시키면 대부분의 개들이 잘 따라온다. 우선 말랑말랑한 물건으로 시작하고, 시간이 지나면서 점점 더 딱딱한 물건으로 바꿔나간다. 처음에 딱딱한 물건을 부드러운 재질로 싸두었다가 나중에 포장을 차츰 없애는 방법도 도움이 된다.

가져오기

개를 키우지 않는 사람이라면 대부분 개가 의기양양한 모습으로 물건을 물고 능숙하게 「가져오기」를 하면서 뛰어다니는 모습을 보고는 어떤 개든 다 할 수 있는 기술이라고 지루하게 생각할 것이다.
하지만 이 놀이는 물건이 포물선을 그으며 날아갈 때 개가 그것을 잡아 물고 주인에게 돌아오는 놀이다.
오랜 전통을 자랑하는 놀이로, 개와 사람 모두 건강하고 즐거워진다.

의사소통을 기본으로 사람과 개가 함께 하는 「가져오기」 놀이의 즐거움은 무엇이며, 어떤 개들은 왜 아무리 반복해도 이 놀이에 질리지 않는지 궁금하다. 운동을 하고 싶어 하는 순수한 욕구 때문일까? 아니면 개의 사냥 본능과 인간의 수렵 및 채집 성향 때문일까? 그것도 아니면 「가져오기」 자체가 사람과 개의 관계에서 풀리지 않는 가장 큰 수수께끼일까?

심리학적 관점에서 본다면, 사람은 크게 만족감을 주는 성공 체험에 매력을 느낀다. 그리고 개는 우리가 원하는 대로 행동하기 때문에 우리의 뜻에 따라 조종할 수 있고, 그것도 아주 훌륭하게 해낸다.

사냥에 대한 욕구

행동연구가들은 「가져오기」가 폭넓게 인기를 누리는 이유를 개의 생물학적 특성에서 찾는다. 사람의 가장 친한 친구인 개는 선천적으로 총명한 포식동물로, 순해 보이지만 사냥과 사냥감을 갈구하는 야성이 속에 꿈틀거리고 있다.

「가져오기」는 이런 개의 사냥 본능과 잘 맞아 떨어지며, 종종 억압되었던 사냥 충동을 자연스럽게 분출하는 기회를 주기도 한다. 개가 용감하게 자신의 주인에게 사냥한 것을 가져가며, 지시를 거스르지 않고 따르는 행동은 최고의 훈련 결과이다. 이것은 길들여지지 않은 포식동물과 오랜 시간 사육되어 온 동물을 구분 짓는 특징이 되기도 한다.

즐겁게 가져오기

「가져오기」 훈련을 시작하기 전에 먼저 개가 물건을 입에 물고 있는 것이 익숙해져야 한다. 이것을 문제없이 할 수 있다면 이제 손으로 물건을 건네주는 대신 바닥에 놓고 연습하는 단계로 넘어간다. 개가 물건을 자발적으로 물고 있으면 보상을 해주는데, 대부분의 개가 「가져오기」를 할 때 특유의 의지를 나타낸다. '사냥감'을 입으로 물어 가져오면서 개들은 아주 의기양양해한다. 이때 트레이너는 개가 가져온 사냥감과 맞바꾸는 시도를 해보는데, 개에게 교환할 대상으로 더 멋진 물건을 제시하면 된다. 예를 들어, 맛있는 간식도 괜찮다. 효과적인 트릭도그 연기는 온갖 다양한 물건들을 가져올 때 더 빛난다. 따라서 개가 자발적으로 특이한 물건을 가져오면 곧바로 크게 칭찬을 해주는 것이 좋다. 그 행동을 혼내거나 못하게 하면 치명적인 실수가 될 수 있는데, 나중에 훈련할 때 개가 특정 물건을 집는 것을 금지된 행동이라고 생각하여 망설일 수 있기 때문이다.

소시지 물어오기, 청소하기

볼펜을 물어서 가져오는 건 대부분의 개들에게 쉬운 과제이다.
하지만 유혹이 강한 소시지를 입에 문 채 먹지 않고 있으려면 훨씬 더 많은 자제력이 필요하다.
두 번째 연습과제는 생활에도 도움이 되고, 여러 과제들의 기초가 되는 「청소하기」이다.

소시지 물어오기

STEP 1 소시지 맛이 나는 가짜 소시지

먼저 모형 소시지를 소시지 육수에 적신다. 그러면 아주 맛있는 냄새를 풍길 것이다. 이것이 포인트로, 냄새는 기가 막히지만 먹을 수 없는 것이라는 것을 인식시킨다. 트레이너가 이렇게 소시지 육수에 적신 모형 소시지를 일단 냄새 맡게 한 다음 그것을 입에 물고 있게 한다.

STEP 2 물어뜯은 후의 포기

개가 처음에는 소시지인 줄 알고 신나게 모형을 씹다가 결국 얼마 안 되어 먹기를 포기한다. 이제 훈련 목표에 한층 더 가까워졌다.

STEP 3 진짜 소시지 사용

소시지 육수를 묻힌 가짜 소시지 대신 이제 진짜 소시지를 사용한다. 육즙이 가득한 먹이를 한입 베어 물고 싶은 유혹이 크겠지만 전 단계에 훈련이 잘 되어 있다면 쉽게 극복할 수 있다. 대안으로 소시지를 호스 속에 넣고 호스만 1㎝씩 잘라가는 방법도 있다.

청소하기

STEP 1 「가져오기」 타깃을 향해 가기

이제 다음 목표인 「청소하기」를 배워야 할 차례이다. 이때 특정 소품을 타깃으로 정하고 가져오는 것을 연습하면 도움이 된다. 여기서 보기로 제시한 훈련에서는 휘어진 활모양의 소품을 바닥에 놓아두었다.

STEP 2 깔개 위로 던지기

이번 단계인 「가져오기」에서는 트레이너가 평상시처럼 물건을 손에 건네받지 않고, 대신 개가 그것을 파란색 깔개에 떨어뜨리도록 유도한다. 성공하면 충분히 칭찬해주고 전체 과정을 여러 번 반복한다.

STEP 3 멀리 떨어져서 연습하기

위의 연습이 충분히 이루어지면 가져올 물건과 트레이너 사이의 거리를 점점 벌린다. 이 훈련은 「쓰레기 분리수거」나 「박스에 병 정리하기」 같은 고난이도의 연기를 준비하기 위한 최고의 연습이 된다.

기어오르기,
앉기, 타기

트릭도그 연기들은 각각 달라 보이지만, 사실 비슷한 요소들로 구성되어 있는 경우가 많다.
기본 요소들이 매번 다른 방식으로 조합될 뿐이다.
「앞발 주기」,「물건 위에 앉기」,「타고 다니기」가 트릭도그 연기의 기본 3요소이다.

이제 고난이도 훈련을 배워보자. 개는 지시에 따라 앞발을 사용하여 물건 위에 기어오르는 법을 배우게 된다. 이것은 여러 멋진 연기들을 하기 위한 기본 훈련이다. 숲속에서 산책하면서 훈련하면 최상이겠지만, 나무 그루터기 대신 의자나 통 또는 흔들리지 않는 견고한 소품들도 괜찮다. 쉬운 과제부터 시작하여 점점 난이도를 높이는 것이 중요하다. 난이도의 한계는 없다. 한 가지 반드시 명심할 것은 개가 물건 위에 앞발을 올려놓았을 때 항상 개에게 충분히 칭찬해주어야 한다. 개가 발을 갖다 댈 지점을 가리키는 스텝타깃을 이용해 훈련해도 효과적이다. 이때 「머리 숙이기」를 곁들여서 재미있게 응용해보는 것도 좋다.

동적인 동작과 정적인 동작의 균형

트레이너에게 이 단계는 두 배로 더 힘들 것이다. 한편으로는 개에게 용기를 주어 동적인 동작을 잘 하도록 북돋아주어야 하며, 다른 한편으로는 정적인 동작을 이끌어내는 것도 중요하기 때문이다. 왜냐하면 개가 일정 시간 동안 정해진 자세를 그대로 유지해야 하기 때문이다. 이것이 가능해지면 배운 자세를 그대로 유지하면서 특정 물건을 들고 있게 하는 2가지 요소를 접목시킨 훈련도 할 수 있다. 이 훈련을 통해 트레이너는 멋진 사진 포즈를 연출해낸 것에 보람을 느낄 것이다.(p.28~29 참고)

카트 운전의 첫 단계

다음의 훈련 과정은 트레이너를 전적으로 신뢰하는 용기 있는 개들에게 적합하다. 훈련 목표는 개를 여러 물건 위에 앉아 있게 한 다음 그것을 움직이는 것이다. 난이도가 있는 훈련이기 때문에 개가 놀라거나 훈련을 거부하지 않도록 처음에는 천천히 조심스럽게 진행한다. 훈련 소품으로는 안정적인 의자가 좋다. 먼저 개에게 지시어를 듣고 의자 위로 뛰어 올라가는 것을 가르친다. 이 훈련이 성공해서 개가 조용히 의자 위에서 기다리고 있으면 트레이너가 의자를 살살 흔든다. 개가 불안해하지 않으면 쇼핑카트처럼 바퀴가 달린 소품으로 바꿔서 연습한다.

쇼핑카트 연습

처음에는 쇼핑카트가 저절로 움직이지 않도록 고정한다. 그리고 카트 바닥에 담요 같은 깔개를 깔고 개를 앉힌 뒤 먹이를 준다. 개가 불안해하지 않도록 트레이너가 카트를 몇 ㎝만 움직인다. 그러는 동안에도 개에게 계속 간식을 준다. 이때 다른 사람의 도움을 받는 것도 나쁘지 않다. 개가 겁을 먹고 카트에서 뛰어내리는 일이 절대 일어나면 안 되기 때문이다. 이 연기는 천천히 차근차근 연습하는 것이 중요하다.

쇼핑카트의 생활화

고정된 카트에서 「앉아」, 「기다려」, 「일어나」 또는 「차렷」 등의 지시어를 연습한다. 충분히 숙달되면 나중에 움직이는 카트에서도 의연하게 해낼 것이다.

타고난 행동습성 이용

개들은 무수히 많은 행동습성을 타고난다. 트릭도그 트레이너는 이것을 이용하여 「하품하기」, 「짖기」, 「긁기」, 「머리 흔들기」 등 흥미진진한 많은 연기들을 이끌어낼 수 있다. 하지만 그러기 위해서는 각각의 행동마다 지시어가 있어야 한다.

'트릭도그스' 팀의 훈련 내용은 난이도가 높아서 많은 연기들이 개에게는 큰 도전이 된다. 그러나 개가 우연히 특정 행동을 보일 때 트레이너가 그것에 대해 바로 칭찬해주면 많은 어려운 연기들을 쉽게 익힐 수 있다. 트레이너가 특정 행동과 지시어를 연관 짓는 방식으로 「절하기」를 놀이하듯이 연출할 수도 있다. 「긁기」, 「머리 흔들기」, 「하품하기」, 「짖기」, 「울부짖기」 등이 연기에 활용할 만한 흔히 볼 수 있는 개의 행동습성이다. 이 모든 행동들에 지시어를 붙여주어야 하는데, 그러려면 개에게 특정 행동과 지시어의 연관 관계를 반복해서 주입시키고 이해시켜야 한다.

항의 표시의 「짖기」

개가 한 번 짖을 때까지 온종일 기다릴 정도로 시간이 많은 사람이 있을까? 그럴 필요가 없는 것이 기발한 방법으로 다양한 행동들을 이끌어낼 수 있다. 예를 들어, 트레이너가 개를 묶어놓고 개가 제일 좋아하는 장난감을 보는 데서 흔든다. 개가 가까이 다가가려고 하겠지만 묶여 있기 때문에 그럴 수 없으므로 대부분의 개는 이 상황에서 항의의 표시로 짖을 것이다. 이렇게 트레이너가 원

하던 행동이 나왔을 때 바로 「짖어」란 지시어를 말하고, 개에게 보상으로 장난감을 주면 개는 금방 상황을 이해할 것이다. 이 과정을 여러 번 반복하면 개가 「짖어」란 지시어에 바로 반응을 보인다.

「긁기」

지시에 따라 긁게 만들려면 일단 트레이너가 빨대나 풀잎으로 개를 간질인다. 대부분의 개가 바로 긁는 반응을 보일 것이다. 이때 강아지가 가장 가려워하는 부위가 어디인지 찾아내는 것이 중요하다. 개가 발로 긁기 시작하면 「긁어」라는 지시어를 말하고 당연히 보상도 한다. 이 과정을 반복해서 충분히 연습하면서 보상하면 이것이 개가 가장 쉽게 할 수 있는 연기 중에 하나가 될 것이다.

Point

트레이너가 지시할 때만 특정 행동을 하게 한다

지시에 따라 짖을 때만 보상한다. 지시하지 않았는데 개가 짖는 경우에는 무시하고 보상하지 않는다. 그렇지 않으면 개가 수시로 짖어대는 소리에 금방 짜증이 날지도 모른다.

「머리 흔들기」

머리를 흔들도록 지시하는 훈련도 아주 비슷한 원리이다. 입으로 바람을 불면 대부분의 개가 머리를 흔드는데, 자신의 개도 그런지 바로 시험해본다. 성공하면 「머리 흔들기」에 지시어를 만들어 붙이고 보상을 통해 강화한다. 여기서 중요한 것은 개가 연습을 많이 할수록 더 안정적인 연기를 보여준다는 것이다. 또 다른 방법으로는 개의 귀를 간지럽게 하는 방법도 있다. 그러면 대부분의 개는 머리를 흔들 것이다. 이 훈련이 성공하면 비로소 연기의 기초가 되는 「머리 흔들기」에 성공한 것이므로 축하한다.

동적인 동작, 정적인 동작

트릭도그 훈련에서 움직임은 매우 중요하다. 개가 선보이는 연기들이 보는 사람에게 즐거움을 주어야 하기 때문이다. 그러나 높이 점프하고 번개같이 빨리 반응하며 재빠르게 구르는 동작들은 트릭도그의 다양한 연기 중 하나일 뿐이다. 좀 더 트릭도그 훈련을 하다보면, 가만히 있는 연기도 할 수 있어야 진정한 트릭도그가 된다는 것을 알 수 있을 것이다.

개들은 동적인 동작과 정적인 동작이 요구되는 많은 연기들을 자연스럽게 연출할 수 있다. 신나게 뛰어놀 수도 있고, 집중력을 발휘하여 기다리거나 움직이지 않고 고정된 자세를 취할 수도 있다. 이렇게 할 수 있다면 트릭도그 훈련에서 성공할 수 있는 최고의 조건을 갖춘 셈이다. 트레이너는 필요에 따라 때로는 동적인 동작과 정적인 동작 모두를 이끌어 내는 열쇠를 쥐고 있다는 사실을 스스로 인식해야 한다.

생활 속 정적인 순간

개와 트릭도그 훈련을 하는 사람들 대다수가 특히 연기에 중점을 둔다. 개가 그냥 가만히 앉아 있으면 안 되고 무엇인가를 해야 한다고 생각한다. 이런 잘못된 생각 때문에 훈련 과정에 문제가 생기고 마는데, 전형적인 예로 「부끄럼 타기」를 들 수 있다. 많은 개들이 앞발로 콧등을 비비는 것은 쉽게 배운다. 하지만 앞발을 콧등에 올려놓고 몇 초 동안 가만히 있는 개는 아주 드물다. 대부분의 트레이너들이 왜 그런지 이유를 잘 모르는데 답은 의외로 간단하다. 동적인 부분만 강조하고 정적인 부분의 훈련은 소홀히 했기 때문이다.

속성 훈련 TIP : 생활하면서 보여지는 아주 사소한 정적인 순간도 놓치지 않고 바로 칭찬한다. 그러려면 처음에는 노련함, 정확한 관찰력, 빠른 반응이 필요하지만 노력한 만큼 보람이 있을 것이다.

빠른 동작과 느린 동작의 연기

정적인 동작 없이는 절대 할 수 없는 연기들이 아주 많다. 예를 들어 「눈 깜빡이기」, 「상체 똑바로 세워 앉기」, 「뒷다리로 서기」, 「머리 숙이기」, 「물건을 입으로 물고 있기」 등 모든 사진 포즈들이 그렇다.

다른 연기들은 동적인 동작을 강화하는 데 중점을 둔 것이 많은데, 이 책에는 온갖 종류의 「점프」, 「천천히 기어오기」, 「오뚝이」, 「물건 잡아당기기」와 「물건 밀기」 등이 있다.

「뽀뽀(왼쪽)」에서는 정적인 동작이 요구되지만,
「점프」에서는 동적인 동작이 필수이다.

통과하기, 뛰어넘기

트릭도그 훈련은 개와 사람의 아주 긴밀한 협동 작업을 통해 이루어지는 스포츠이다. 집중적으로 원격 조종 훈련을 할 때의 친밀감은 전적으로 심리적인 부분을 의미하지만, 몸을 뛰어넘거나 통과하는 것처럼 물리적으로 둘의 거리가 아주 가까워질 때도 있다.

전제 조건 : 개가 성견으로 충분히 자랐고 건강해야 한다. 그렇지 않으면 점프 훈련이 개의 건강을 해칠 수 있다. 걱정이 되면 위험을 미리 예방하기 위해 수의사와 상담한 후 훈련한다.

많은 개들이 천성적으로 점프를 좋아하기 때문에 개들과의 점프 훈련은 특히 더 즐거울 수밖에 없다. 어떤 개는 격려가 필요하기도 하지만, 재치만점의 트릭도그 트레이너들이라면 문제없다.

출발 신호가 있을 때만 점프해야 한다

개가 제멋대로 점프해서는 절대 안 되며 꼭 지시에 따라야 한다. 개가 자기 마음대로 점프하면 훈련을 중단한다. 트릭도그 훈련을 성공시키려면 수많은 규율이 필요하기 때문이다. 개가 제멋대로 점프할 경우 개와 트레이너가 심각한 부상을 입을 수도 있다.

가운데를 향해 출발

이 훈련은 점프해서 훌라후프를 통과하는 것부터 시작하는데, 운동용 플라스틱 재질이 적합하다. 트레이너가 먼저 훌라후프를 바닥에 거의 닿게 들고 있고, 동시에 개는 「앉아, 기다려」란 지시어에 따라 트레이너 옆에 대기시킨다. 그 다음에 먹이나 장난감을 보여주고 훌라후프를 통과하게 한다. 이것을 여러 번 반복한 뒤 훌라후프의 높이를 점점 더 올린다. 어느 정도 올라가면 개가 점프해서 뛰어넘어야 할 만큼의 높이까지 훌라후프가 올라간다. 여기서 특히 중요한 것은 점프를 지시하기 전에 개가 「앉아, 기다려」란 지시를 확실히 따르게 훈련시키는 것이다. 잘 따르지 않을 경우에는 다음과 같은 사전 연습이 효과적이다. 개에게 장애물을 뛰어넘게 한 다음 맞은편에서 「앉아, 기다려」란 지시에 따르게 한다. 그런 다음 개를 트레이너 쪽으로 불러서 오게 한다.

실패할 경우

훈련이 잘 안 될 때는 개가 점프를 할 맞은편에 보조자를 서 있게 한다. 보조자는 개가 점프 지시를 기다리지 않고 제멋대로 점프하면 보상을 해주지 않는다. 예를 들어, 장난감을 발로 밟아서 개가 가져가지 못하게 한다.

팔을 통과하고 나서 다리 통과하기

높은 곳에 있는 장애물과 훌라후프 점프가 순조롭게 이루어지면 트레이너는 훌라후프를 팔로 감싸서 개가 그 안을 통과하게 하는 훈련을 한다. 점점 더 팔을 좁게 감싸서 마지막에는 완전히 원을 만들어 통과하게 하고, 나중에는 훌라후프 없이 팔로만 원을 만들어 훈련한다. 이때도 역시 맞은편에서 칭찬하고 보상한다.

구부린 다리 위를 점프하는 훈련도 매우 비슷한 원리이다. 다리에 훌라후프를 놓고 점프를 시킨 다음 점차 훌라후프를 없앤다.

길게 뻗은 팔 위로 뛰어넘기

처음에 팔 위로 점프하는 것을 연습할 때는 어질리티 막대를 쥐고 팔 길이를 늘린다. 개가 긴 막대를 무시하고 옆으로 그냥 지나치면 막대를 벽에 붙이고 시도한다. 성공하면 점점 막대를 몸 뒤쪽으로 보내서 넘어야 할 막대 길이를 줄여나가 나중에는 팔길이와 같게 한다. 개가 이 상태에서 팔 위로 점프하면 더 이상 보조막대가 필요 없다.

tip

낮은 높이부터 시작한다

처음에는 높이를 낮춰서 뛰게 하고, 점차 높이를 올려 난이도를 높인다. 개에게 트레이너 반대쪽으로 장애물을 뛰어넘게 하는 것은 물론 트레이너가 있는 쪽으로도 뛰어넘어 오게 하는 것도 연습시킨다. 이때 트레이너가 장애물 건너편 바닥에 간식 같은 먹을 것을 두면 효과적이다. 이 연습을 할 때도 「앉아, 기다려」란 지시를 제대로 따르게 하고, 점프 지시도 정확히 따르게 한다.

물건 주위 돌기, 잡아당기기

개가 직접 서랍장을 열고 들어가 그 속에 숨는 연기는 정말 인상적이다.
테이블에 올라 앉거나 바구니를 들어 올리는 것도 마찬가지이다.
그런데 이 연기들은 모두 기초 훈련만 제대로 되어 있으면 아주 쉽게 할 수 있는 것들이다.

「물건 주위 돌기」는 각종 트릭도그 훈련의 중요한 구성 요소이다. 돌 때 회전은 왼쪽과 오른쪽 모두 할 수 있어야 한다. 「돌기」 훈련에는 다양한 소품을 활용할 수 있는데, 값싸고 운반하기 쉬운 도구로는 주차콘과 의자가 좋으며, 터치타깃이 필요하다.

방향을 지시하는 터치타깃

트레이너는 타깃을 따라 돌아야 할 소품에 가까이 가도록 개를 유도한 다음, 터치타깃(Touch-target)으로 소품 둘레에 원을 그리면서 개가 따라 돌게 한다. 성공하지 못하면 타깃 훈련의 기초부터 다시 복습한다. 개가 타

장난감을 이용하면 서랍 열기 훈련이 아주 쉬워진다.

깃을 따라가면 과정을 완전히 끝내기 전에 칭찬하여 보상하고, 여러 번 반복하여 개가 무엇을 해야 하는지 확실히 이해하게 만든다.

훈련은 처음에는 한 방향으로만 하고 습득하면 다른 방향을 연습하는데 방법은 같다. 개가 어떻게 해야 하는지 정확히 이해할 때까지 타깃을 이용한다. 그 다음에는 차츰 타깃의 사용을 줄이고 개와의 거리를 더 벌린다. 최종적으로 개가 멀리 떨어져 있는 물건의 주위를 돌 수 있어야 한다. 훈련이 성공하려면 천천히 개가 너무 힘겨워하지 않게 해야 한다.

힘껏 잡아당기기

이제 개가 「물건 잡아당기기」를 배울 차례이다. 신발끈이나 커튼을 잡아당길까봐 걱정이라면 걱정하지 않아도 된다. 훌륭한 연기견은 지시가 있을 때만 잡아당긴다. 이 훈련의 가장 큰 장점은 대부분의 개들이 물고 뜯는 놀이를 즐긴다는 점이다. 부드러운 매듭끈이나 양말이 가장 좋고, 딱딱한 소품은 효과가 없다. 놀이를 목표가 있는 과제로 만들려면 개가 물고 뜯는 놀이를 시작할 때 바로 「잡아당겨」란 지시어를 가르쳐야 한다. 곧 개는 지시어와 그 행동의 연관성을 이해하게 된다. 중요한 점은 트레이너가 지시하면 개가 바로 소품을 놓아야 한다는 것이다. 다음에는 개가 손에 있는 물건을 잡아당기도록 가르치고, 그 다음에는 트레이너가 끈이나 양말을 서랍이나 문손잡이에 묶어놓고 개가 잡아당기게 한다. 서랍이나 문이 움직이면 바로 칭찬하고, 차츰 난이도를 높여 점점 더 많이 열게 훈련한다.

뒷발로 서서 밀기

개들은 네발로 움직인다.
하지만 연기견의 경우에는 항상 네발로 걷는 것은 아니다.
종종 연기견이 뒷발로 서서 카트를 밀고 다니는 모습도 볼 수 있다.

숙달된 연기견은 손쉽게 쇼핑카트를 밀거나, 베이비시터가 되어 유모차를 끌고 다닌다. 앞발은 손잡이에 놓고, 뒷발은 앞으로 나아가기 위해 부지런히 걷는다. 동작이 좀 더 자연스러울수록 좋은데, 그러려면 다음과 같은 단계별 기초 훈련을 착실히 해야 한다.

손잡이 잡기

첫 번째로 트레이너는 개가 쇼핑카트나 유모차 손잡이에 앞발을 올리도록 유도해야 하는데, 이때 카트가 움직이면 안 된다. 즉, 움직이지 못하게 반드시 바퀴를 발로 막아야 하는데, 발을 올리기 전에 카트가 먼저 굴러가면 개가 겁먹을 수 있기 때문이다. 이 단계는 개의 동적인 연기를 칭찬하여 강화시키는 단계로 이제 시작일 뿐이다. 다음 단계에서는 개가 정적인 연기를 소화해내야 한다. 즉 개가 지시에 따라 뛰어올라 손잡이에 발을 올려놓고 그 자리에 한동안 서 있는 것을 가르쳐야 한다. 바퀴는 트레이너가 계속 발로 고정시킨다. 개가 침착하게 카트 앞에 서 있으면 조금씩 움직여도 된다.

앞발을 손잡이 위에 올려놓는다. 이때 트레이너는 발로 카트가 움직이지 않게 막고 있어야 한다.

준비 – 땅!

개가 카트를 앞으로 밀어야 하기 때문에 정적인 연기 다음에는 이어서 동적인 연기를 해야 한다. 이 훈련은 아주 천천히 단계별로 진행해야 한다. 먼저 트레이너는 개가 앞발을 카트에 올려놓고 서 있을 때 카트를 몇 ㎝만 움직인다. 그 다음은 개가 뒷발을 움직이도록 카트를 조금씩 천천히 움직인다. 대부분의 개가 스스로 잘 해내지만 경우에 따라서는 더 많은 시간과 동기 부여가 필요할 수도 있다. 이때 가장 중요한 것이 개가 앞으로 움직이는 정확한 순간에 칭찬과 보상을 해주는 것이다. 정확한 타이밍이 성공의 열쇠이다.

천천히 앞으로 가기

이 단계에서는 대부분의 개들이 움직이다가 손잡이를 놓고 네발로 선다. 스스로 앞발을 내리는 행동은 바람직하지 않으므로 지시가 있을 때만 앞발을 내리도록 제지해야 한다. 개는 대개 감당할 수 없을 때 그 행동을 그만두기 때문에 앞발을 내리는 행동을 하지 않도록 무리하게 연습시키지 않는다. 몇 ㎝씩 짧은 거리부터 천천히 연습해야 성공할 수 있다.

큰 개에 작은 카트?

이 연기에서 중요한 전제조건이 2가지 있다. 첫째, 물건을 서서 미는 연기는 성견에게만 시켜야 한다. 왜냐하면 이 행동에서 요구되는 자세가 성장기의 개들에게는 불편할 수 있으므로 반드시 성견이어야 한다. 둘째, 카트와 유모차 크기가 개의 키와 맞아야 한다. 연기견이 그레이트 데인이나 디어하운드가 아닌 이상 장난감 카트를 고르는 것이 좋다.

개가 아주 침착하게 믿음을 갖고 어떤 일이 생길지 기다리고 있다.

땅파기와 살살 물기

아주 간단한 예비 연습으로도 가능한 연기는 많으며, 어디서나 손쉽게 훈련할 수 있다. 예를 들어, 매일 산책하면서 「땅파기」나 「살살 물기」 등을 연습할 수 있다.

많은 개들이 땅파기를 좋아하며, 테리어를 비롯한 많은 견종들은 심지어 평생 동안 땅파기를 즐긴다. 모든 개들이 지시에 따라 「땅파기」를 배울 수 있는데, 이때 땅파기를 좋아하는 개들의 본성이 훈련에 많은 도움이 된다. 훈련 목표는 개가 신호를 듣고 특정 지점을 파게 하는 것이다. 어떻게 하면 똑똑한 개들에게 그런 의미 없어 보이는 행동을 하게 할 수 있을까? 그것은 재미있는 놀이를 통해 가능하다.

손으로 바스락거리는 풀 소리를 내서 개가 땅을 파도록 유도한다.

이처럼 극적인 연기를 연습하기 위해서는 개가 「놔」란 지시에 숙달되어야 한다.

「땅파기」

담요나 방석을 가져와서 개가 그 위에 올라가도록 유인한다. 그 밑에 손을 숨기고 아래에서 개를 간지럼 태운다. 그럼 대부분의 개들은 손을 찾으려고 담요나 방석을 긁는다. 이 행동을 「파」라는 지시어와 연결시키고 칭찬과 보상을 한다. 이것이 성공하면 가벼운 놀이에서 난이도가 높은 훈련 단계로 넘어간다. 트레이너가 담요 위에 손을 놓고 앞 단계에서 연습한 지시어로 긁게 유도한다. 이 단계에서는 많은 격려와 인내력이 필요하므로, 트레이너가 열정적인 태도로 개에게 더 강하게 동기부여를 해주어야 한다. 개가 처음에 조심스럽게 「땅파기」를 시도하면 바로 보상하고, 점차 땅을 파는 정도를 강화시켜서 원하는 강도로 충분히 땅을 팔 때만 보상한다. 그 다음 목표는 손이 멀리 떨어져 있어도 개가 지시만 듣고 땅을 파게 하는 것이다.

「살살 물기」

이번에 소개할 기초 연기는 트릭도그 트레이너들에게 인기 있는 「살살 물기」이다. 이 연기는 여러 다양한 지시를 수행할 수 있는 지시어 「물어」와 관련 있다. 트릭도그 훈련에서 고의적으로 무는 일은 없지만, 장난처럼 귀엽게 물어 잡아당기는 연기를 연출할 수 있다. 「살살 물기」를 습득하려면 「잡아당겨」(p.33 참고)라는 지시를 이미 소화할 수 있어야 한다. 그 다음에 트레이너가 개에게 바짓단을 잡아당기도록 유도한다. 이때 막 입어도 되는 운동복이나 낡아서 못 입게 된 청바지 차림으로 연습하는 것이 좋다. 지시어 「물어」는 바짓단을 물게 하고, 지시어 「놔」는 물고 있던 것을 놓게 한다.

구르기와 이불 덮기

탄탄한 기초 훈련이 트릭도그 훈련의 전부라고 해도 과언이 아니다.
이번에 배울 「구르기」와 「이불 덮기」 2가지가 그 사실을 증명한다.
이 연기는 신뢰감이 아주 큰 비중을 차지한다.

개가 정말로 멋지게 「구르기」를 하려면 기본적으로 「엎드려」라는 지시를 안정적으로 할 수 있어야 한다. 그런 다음 간식을 이용하여 개가 최대한 편한 자세를 취하게 한다. 사람들과 마찬가지로 개도 엎드릴 때 즐겨 눕는 방향이 있으므로 금방 가장 편한 자세를 잡을 것이다. 그러면 엉덩이가 어느 한쪽을 향하게 되는데, 이때 트레이너가 간식 든 손을 개의 머리 옆쪽으로 가져가 개가 옆으로 구르도록 조종한다. 성공하면 충분히 보상하고 여러 차례 반복해서 연습한다. 「구르기」가 완성되면 두 번째 연기인 「죽기」도 성공에 가까워졌다. 트레이너가 간식을 이용해 개의 머리가 바닥에 닿게 하면, 개는 이미 죽은 척 연기해낸 것이다.

「구르기」

개가 이리저리 구르도록 동기 부여를 하려면 트레이너가 간식을 개의 머리 위에서 움직여야 한다. 그러면 개가 다른 방향으로 구를 것이다. 이 훈

구르기는 트레이너에 대한 신뢰가 우선이다.

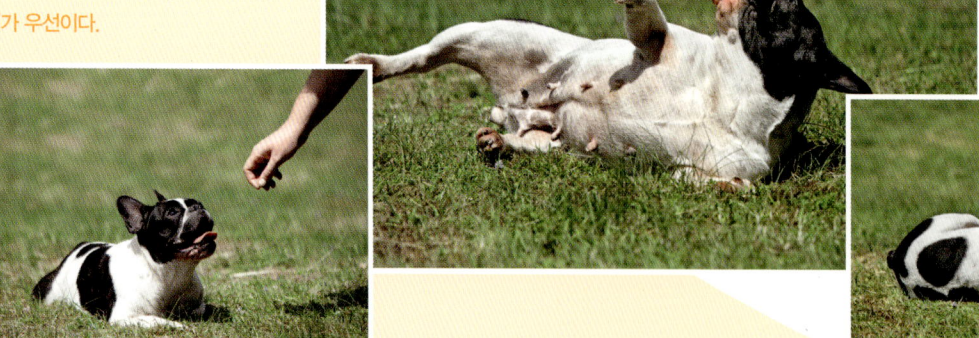

「엎드려」, 「물어」, 「꼭 물고 있어」, 「잡아당겨」 등의 지시가 합쳐져서 결과적으로 「이불 덮기」 연기가 완성된다.

련이 성공하기 위해서는 개와 사람 사이의 확고한 신뢰가 전제 조건이다. 신뢰가 없이는 아무것도 성공할 수 없으며, 개가 구르는 것을 거부할 수도 있다. 거부할 경우에는 신뢰를 높이도록 며칠 또는 몇 주간 계획을 세워 훈련하는 것이 좋다.

마법의 손에 따라 구르기

개가 지시에 따라 구르면 훈련의 첫 번째 목표가 달성된 셈이다. 보조 역할을 하는 손을 사용하지 않고 개가 구르기까지는 꽤 많은 시간이 걸릴 수 있다. 하지만 인내심을 갖고 연습하면 마침내 성공의 보람을 느낄 수 있을 것이다. 마치 보이지 않는 마법의 손에 따라 연출된 듯한 연기가 아주 깊은 인상을 심어줄 것이다.

「이불 덮기」

「이불 덮기」도 마찬가지로 필수 조건이 탄탄한 「엎드려」 실력으로, 개가 엎드린 상태에서 편안한 자세로 소품을 물고 있다가 잡아당기게 한다. 「이불 덮기」를 연습하기 위해서는 먼저 개를 바구니에 엎드리게 한 다음 엉덩이만 이불을 덮어준다. 다음에 트레이너가 「물어」와 「잡아당겨」를 지시한다. 잡아당길 때 대부분의 개는 자동적으로 바구니 바닥쪽으로 고개를 돌리는데, 이것이 마치 개가 이불을 덮는 것처럼 보인다.

깊은 인상을 심어줄 수 있는 또 다른 변형 동작은 다음과 같다. 개를 이불 위에 엎드리게 한 다음 이불 한쪽을 꼭 물고 구르게 한다. 이 방법으로도 「이불 덮기」를 할 수 있다. 이 연기는 기초 훈련이 잘 되어 있어야 하는 좋은 예로, 기초가 탄탄할수록 더 많은 훈련에서 성공할 수 있다.

절하기

이 연기보다 더 우아할 수는 없다. 허리를 굽혀 절하는 개는 사람들의 마음을 사로잡는다. 이 연기를 연습하려면 클리커와 간식뿐만 아니라 약간의 인내심이 필요하다. 이제 여러분의 개가 최고의 세련된 연기를 선보일 것이다.

이 연기의 필수 조건은 개가 지시에 따라 조용히 서 있어야 한다는 것이다. 이때 트레이너가 개 앞에 서서 간식을 바닥쪽으로 가져가는 것은 「엎드려」와 같다. 한 가지 차이점이 있다면 「엎드려」에서처럼 간식을 트레이너 앞쪽으로 움직이는 것이 아니라 개의 몸쪽으로 움직여야 한다는 점이다. 대부분의 개는 훈련 핵심을 금방 이해할 것이다. 개가 원하는 자세를 취하면 바로 간식을 준다.

변형 1 - 모닝 스트레칭

이제 클리커를 사용할 차례이다. 이번 훈련 단계에서는 개를 세심하게 관찰하다가 개가 우연히 원하는 자세를 취할 때 클리커를 누른다. 그럼 개는 언제 몸을 앞으로 숙일까? 예를 들어, 아침에 일어난 직후에 몸을 앞으로 숙이는 모닝 스트레칭 자세를 취한다. 이때 몸을 길게 늘여서 쭉 펴는데, 앞발은 앞쪽으로 길게 뻗고 가슴은 바닥으로 내린 채 엉덩이를 높이 치켜든다. 나중에 훈련할 「절하기」에 필요한 완벽한 자세이다. 개가 이 자세를 취하면 바로 클리커를 눌러 소리를 내고 간식을 준다.

지시어

이제 이 행동을 특정 지시어와 연결시켜야 한다. 「절」, 「웨이터」 또는 「젠틀」이든 어떤 단어든 상관없다. 선택한 지시어를 이 행동과 연결시켜 앞으로 일관되게 사용하기만 하면 된다. 개는 가슴을 바닥으로 내리고 엉덩이를 높이 치켜드는 것이 자기한테 이로운 행동이란 것을 금방 깨달을 것이다.

변형 2 – 다리 밑 지나기

위의 방법이 효과가 없으면 다른 방법으로 「절하기」를 가르쳐야 한다. 트레이너가 한쪽 무릎을 꿇고 간식을 이용해 무릎을 꿇지 않은 쪽 다리 아래로 개를 유인한다. 개가 원하는 자세를 취하면 간식을 준다.

엉덩이 높이 치켜들기

어떤 변형 동작이든 개가 엉덩이를 내리고 앉을 때는 보상하지 않는 것이 중요하다. 순간의 실수로 잘못된 동작을 주입시킬 수 있기 때문이다. 잘못된 동작을 바로잡으려면 상당히 오랜 시간이 걸리므로 처음부터 주의해서 가르치는 것이 좋다. 엉덩이를 바닥에 대고 주저앉지 않게 하려면 개를 중간 중간 일으켜 세워야 한다.

> **정확한 수신호**
>
> 「절하기」는 「엎드려」와 비슷하기 때문에 개가 혼란스러워할 수 있다. 따라서 다른 수신호를 사용해야 한다. 「엎드려」를 지시할 때 트레이너의 손등이 위로 오게 하였다면, 「절하기」에서는 무조건 손바닥이 위로 오게 뒤집어 보여야 한다.

Pro-Tricks
only orders

프로 트릭

① 지시어로만 연기

네 능력을 보여줘

이미 기초를 충분히 익혔다면 이제 더 어려운 연기에 도전할 수 있다. 이 단계에서는 소품 없이 연기하는 재미있는 트릭을 많이 훈련할 수 있다.

기마병 행군

기수를 태운 말이 두 발을 교대로 높이 올리면서 걷는 행군처럼 개도 위풍당당하게 행진한다.
이런 행군은 매우 근사해 보이기 때문에 트릭도그 트레이너들도 좋아한다.

STEP 1 } 앞발 올리기

「기마병 행군」을 익히기 위해서는 중요한 전제 조건이 있다. 개가 수신호에 따라 앞발을 교대로 내밀 수 있어야 한다.(p.16~17 참고) 아직 훈련이 안 되어 있다면 다음과 같이 연습한다. 오른손에 간식을 숨기고, 개가 왼쪽 앞발을 그 손에 올려놓으면 간식을 준다. 오른쪽 주먹→그 위에 왼쪽 앞발 올려놓기→간식. 개에게 이 연관성이 금방 각인될 것이다. 다음 훈련은 트레이너의 왼손과 개의 오른쪽 발로 바꿔서 연습하는 것인데, 개가 왼쪽과 오른쪽을 확실히 구분할 때까지 훈련한다. 이 단계 연습은 앉은 자세에서 할 수 있지만, 앞으로 진행될 연습은 모두 서서 한다.

STEP 2 트레이너와 멀리 떨어져서 앞발 들기

이번에는 개와 트레이너가 거리를 두고 멀리 떨어져서 훈련하는 것이 핵심이다. 개는 트레이너의 손을 건드리지 않고 앞발을 들기만 해도 간식을 준다는 것을 배운다. 이 단계에서의 효과는 개가 재미있는 손짓 연기를 할 수 있다는 것이다.

STEP 3 움직임을 표현

「기마병 행군」에는 다양한 동작이 있기 때문에 이제는 움직임도 연습해야 한다. 즉, 지금까지는 개가 한 곳에 서서 앞발만 움직였지만 이제는 동시에 앞으로 나아가는 것도 해야 한다. 「기마병 행군」을 멋있게 표현하려면 반드시 이 단계에서 기초를 단단히 다져야 한다. 개는 전진하기 전에 잠깐 앞발을 공중에 들고 있어야 한다. 하지만 개한테 이것을 어떻게 설명하면 좋을까? 그것은 간단하다. 개가 우연히 앞발을 평소보다 오래 들고 있는 순간을 기다렸다가 충분히 칭찬한다. 개가 앞발을 어중간하게 약간만 들고 있을 경우에는 보상하지 않는다. 개는 어떻게 할 때 보상이 주어지고, 어떨 때 주어지지 않는지 금방 깨닫게 된다.

STEP 4 사람과 함께 하는 「기마병 행군」

트레이너도 자신의 다리를 이용해서 연기하는 것을 도울 수 있다. 방법은 수신호를 보내면서 동시에 손과 같은 쪽 다리를 올린다. 수신호는 점차적으로 줄이는 것이 중요한데, 나중에는 거의 알아챌 수 없을 정도로 몸짓을 작게 한다. 시간이 지나면 트레이너가 뒤로 가면서 다리를 교대로 높이 올리는 동작이 지시어와 같은 효과를 낸다.

브레이크 댄스

브레이크 댄스는 얼핏 생각하면 개가 할 수 없는 연기라고 생각할 수 있다.
하지만 다시 살펴보면 이 연기는 개의 타고난 행동습성에 기초한다는 것을 알 수 있다.
개는 누워서 구르는 방법과 자기만의 중심축으로 회전하는 방법을 익힌다.
이 연기는 다음 과정을 통해 배울 수 있다.

STEP 1 「빵!」

트레이너가 개에게 지시어 「빵!」을 가르친다. 개가 등을 대고 누워서 네 다리를 위로 쭉 뻗는 것을 훈련한다.(p.47 「빵!」참고)

STEP 2 머리 돌리기

이제 트레이너는 보조 도구인 타깃스틱이나 간식을 이용하여 개가 머리를 시계방향 또는 시계 반대방향으로 움직이게 유도한다. 이 단계에서는 개가 그 방향으로 고개를 쭉 뻗는 것만으로도 훈련은 충분하다.

STEP 3 즉시 보상하기

이 단계에서 중요한 것은 STEP 2의 훈련을 하면서 잘 관찰하다가 개가 타깃스틱이나 간식과 가까워지려는 아주 작은 시도만 해도 즉시 반응하여 보상하는 것이다.

STEP 4 「구르기」

성공하는 횟수가 많아지면 난이도를 높인다. 시간이 지나면서 개가 더 멀리까지 굴러야 보상한다. 개가 갑자기 일어날 때는 절대 보상하면 안 된다. 일어서는 것이 성공이라는 인식을 주면 안 되기 때문이다. 개가 등을 바닥에 대고 누운 상태에서 움직일 때만 보상한다.

STEP 5 뒷다리 움직이기

시간이 얼마 지나지 않아 개는 온 힘을 다해 뒷다리로 밀면서 반동을 만들어내기 시작할 것이다. 마찬가지로 이때도 작은 시도만 보여도 곧바로 보상한다. 완성된 브레이크 댄스 연기에서 뒷다리의 움직임이 매우 중요하기 때문이다.

STEP 6 힙합 댄서만 할 수 있는 것이 아니다

트레이너는 개가 최선을 다했을 때만 보상을 하면서 「브레이크 댄스」가 완벽해질 때까지 점차 난이도를 높인다. 「브레이크」란 지시에 따라 개가 재빨리 바닥에 누워 춤을 추듯이 움직이는 모습이 훨씬 더 강렬한 인상을 줄 수 있으므로, 타깃스틱과 손은 점점 사용을 줄이면서 말로만 지시할 수 있도록 훈련한다.

> 「빵!」
> 「빵!」은 「죽어」의 선행 지시어에 해당한다.(p.49 참고) 「빵!」의 자세에서 개에게 간식이나 장난감을 이용해 머리와 몸을 한쪽 면에 댄 채 움직이지 않고 가만히 누워 있게 하면 「죽어」 자세이다.

죽기, 완전히 죽기, 다친 몸 끌면서 가기

이 연기는 호응도가 높아 관객들이 매우 즐거워한다. 하지만 방법은 의외로 아주 간단하다.
개가 이미 잘 할 줄 아는 「앉아」, 「엎드려」, 「일어나」 등의 연습 과정과 비슷하다.
따라서 초보 연기견도 「죽기」, 「완전히 죽기」, 「다친 몸 끌면서 가기」 등을 배울 수 있다.

STEP 1 「죽기」 - 편안히 누워 있는 것에 대해 보상

트레이너는 개에게 편안한 「엎드려」 자세를 취하게 한다. 다음에 간식을 숨긴 손을 움직여 개가 머리 옆면을 바닥에 대도록 유도한다. 고개는 가슴을 향하게 한다. 이때 개의 엉덩이도 한쪽면이 자동적으로 바닥에 닿게 된다. 이 동작을 강화하기 위해 개에게 충분히 보상한다.

STEP 2 「죽기」 - 옆으로 눕기

1단계 훈련이 안정적으로 이루어지면 난이도를 높인다.

STEP 1의 자세에서 트레이너가 개의 허리 위로 간식을 가져가면 개는 간식에 닿으려고 옆으로 누울 것이다. STEP 1의 자세에서 개가 옆으로 누우려는 행동을 보이면 충분히 보상하고 여러 차례 이 과정을 반복한다.

STEP 3 } 「죽기」 - 옆으로 평평하게 눕기

이제는 개의 머리를 옆으로 내려놓는 것을 배울 차례이다. STEP 2에서 트레이너가 옆으로 누워 있는 개의 몸 아래로 간식을 가져간다. 이때 개의 머리가 바닥에 닿자마자 손을 펴서 간식을 준다.

STEP 4 } 「죽기」 - 지시어 사용

위의 과정을 여러 번 반복해서 성공하면 지시어 「기절」을 사용한다. 트레이너는 「기절」이라고 말하면서 동시에 간식으로 앉아 있는 개를 조종하여 머리를 바닥에 대고 옆으로 눕게 만든다.

STEP 5 } 「죽기」 - 서 있다가 「옆으로 눕기」

이번에는 개가 서 있다가 옆으로 눕도록 훈련한다. 대부분의 개는 이것을 「엎드려」처럼 쉽게 빨리 배울 수 있다. 익숙해질 때까지 참을성 있게 계속 반복해서 연습하는 것이 중요하다.

STEP 6 } 「완전히 죽기」 - 완전히 죽은 상태

이 훈련은 「기절」 자세에서 시작하기 때문에 「기절」을 완벽하게 연기하는 것이 필수조건이다. 개가 머리를 바닥에 댄 채 움직이지 않고 옆으로 누워 있으면, 트레이너가 간식을 움직여서 개가 등이 바닥에 닿도록 돌려 다리 모두가 위로 쭉 뻗게 만든다. 이때 개가 「구르기」를 하면 안 되고, 개의 정적인 연기를 강화하는 것이 포인트이다. 개는 등을 바닥에 댄 채 움직이지 말고 누워 있어야 한다. 여기서 클리커가 유용하게 쓰인다.

STEP 7 } 「완전히 죽기」 - 균형 잡기에 문제가 있다면

균형을 잡는 데 문제가 있다면 이상적인 자세가 나오도록 개가 한쪽 앞발을 바닥에 대고 지탱하게 한다. 그러나 만약 개가 이 연기가 재미없어서 균형을 잡지 않는다면 다른 것을 연습해야 한다. 개 스스로도 연기에 의욕적이어야 훌륭한 연기견이 될 수 있다. 많은 개들이 「완전히 죽기」를 좋아하지만 어떤 개들은 흥미가 전혀 없을 수 있다.

간식 또는 장난감 사용

간식 대신에 장난감을 사용해도 된다. 무엇을 사용하느냐는 개가 간식과 장난감 중 어떤 것에 더 잘 반응하느냐에 달려 있다.

STEP 8 「다친 몸 끌면서 가기」 – 총 맞은 연기

「기절」 자세를 범죄물 시리즈에서 쓰일 만한 기발한 연기로 발전시킬 수 있다. 개가 부상을 당한 뒤 마지막 남은 힘을 모아 끙끙대며 몸을 옮기는 동작이다. 물론 연기일 뿐이지만 매우 그럴듯해 보인다. 이것 역시 「기절」 자세에서 시작한다. 트레이너가 두 손을 써야 하는데, 한 손은 간식을 들고 개가 「기절」 자세로 앞쪽이나 뒤쪽으로 움직이도록 유인하고, 다른 한 손은 개의 어깨 위쪽에 두고 개가 일어나지 못하게 제지한다. 그래도 개가 일어나면 눕히고 처음부터 다시 시작한다.

STEP 9 「다친 몸 끌면서 가기」 – 마무리

위의 훈련이 성공하면 지시어를 정한다. 임의로 정한 지시어를 써도 되는데, 이후에 계속 같은 지시어를 사용해야 한다. STEP 8 상태에서 트레이너의 간식을 든 손과 개와의 거리를 점점 떨어뜨리다가 최종적으로는 개가 지시를 듣자마자 바로 반응하도록 훈련한다.

오뚝이

이 연기는 '앞구르기'를 의미하는데, 어떤 사람은 이것을 「텀블링」이라고도 하고 또 어떤 사람은 「오뚝이」라고도 한다. 개가 고개를 앞으로 숙여서 과감하게 「구르기」를 하면 훨씬 더 인상적인 장면을 연출할 수 있다.

이 연기는 개가 자기 꼬리를 잡을 수 있어야 하는데, 지금까지는 그 방법이 잘 알려지지 않았었다.

STEP 1 } **스포츠를 즐기는 대담한 개에게 안성맞춤**

「오뚝이」는 운동을 좋아하고 유연하며 대담한 성격의 개에게 알맞은 연기이다. 첫 번째 단계는 개가 자기 꼬리를 잡는 것으로, 개가 아주 의욕적이면 훨씬 쉽게 할 수 있다.

STEP 2 } **꼬리 잡기**

트레이너가 개 앞에 서서 「물어」 또는 「붙잡아」를 지시하여 개가 자기 꼬리를 잡게 한다. 이때 트레이너는 손으로 꼬리를 가리킨다. 처음에는 아주 약간만 성공한 듯해도 보상한다. 개가 머리를 꼬리쪽으로 아

주 조금만 움직여도 좋으며, 점점 더 꼬리에 가까워지게 해서 주둥이가 꼬리에 닿을 때까지 한다. 이제 최고의 보상을 해줄 시간이 가까워졌다. 생기발랄하고 역동적으로 보일 때까지 계속 연습한다. 왜냐하면 「오뚝이」에서는 생동감이 꼭 필요하기 때문이다.

STEP 3 } 엎드려서 꼬리 잡기

이제 전 과정을 「엎드려」 자세에서 연습한다. 개에게 「엎드려」를 시킨 다음 자기 꼬리를 잡도록 지시한다. 하지만 누워서 하는 것이 훨씬 어렵다. 서 있는 자세에서는 몸을 둥그렇게 만들 수 있지만, 개가 엎드린 상태에서는 불가능하다. 엎드린 상태에서 꼬리에 닿으려고 애쓰다 보면 어깨로 구르는 동작이 나온다. 이것은 「오뚝이」 연기를 완벽하게 해내기 위해 두 번째로 중요한 단계이다.

STEP 4 } 약간의 도움

많은 개들이 처음에 어깨로 구를 때 한쪽으로 치우쳐서 구른다. 그러나 이때 한쪽을 조금만 받쳐주면 개가 바로 균형을 잘 잡는다.

귀 막기

「어머나!」- 개가 깜짝 놀란 듯이 귀를 막는다고?
이것은 정말 웃음을 참기 어려운 아주 보기 드문 연기이다.
그러나 트릭도그 트레이너들 사이에서는 이미 오래 전부터 연기견들의 고정 레퍼토리가 되어 있다.

STEP 1 기본 자세는 「차렷」

이 훈련은 엉덩이를 바닥에 붙이고 상체를 세워 앉는 「차렷」이란 지시를 이미 충분히 소화해낸 개라야 연기할 수 있다. 배우지 않았다면 다음 단계를 진행하기 전에 「차렷」을 철저히 연습시켜야 한다.

STEP 2 앞발 들어!

다음 단계는 「차렷」 자세에서 앞발을 약간 치켜들어 위로 올리는 자세이다. 이 때 발을 들 방향을 알려주는 스텝타깃(Step-target)을 이용하면 효과적이다. 일단은 개가 앉은 자세에서 앞발을 들기만 하면 된다.

STEP 3 } **서서히 점점 더 높이 들기**

이제는 개가 똑바로 「차렷」 자세에서 앞발을 높이 드는 방법을 배워야 한다. 트레이너는 개에게 「차렷」 자세를 지시한 다음, 앞발을 위로 올리게 유도한다. 처음에는 약간만 들게 하고, 단계적으로 점점 더 높이 들게 한다. 얼마나 빨리 성공하느냐는 개의 의욕과 유연성에 달려 있다.

STEP 4 } **보상을 잊지 않는다**

개가 조금만 발전해도 칭찬의 의미로 보상을 해주는 것이 매우 중요하다. 클리커를 누르거나 말로 칭찬해도 좋고 간식을 줘도 좋다.

STEP 5 } **귀 높이까지 들기**

훈련을 계속하면서 「차렷」 자세가 훨씬 편하고 안정적으로 되어 앞발을 위로 쭉 뻗는 것이 쉬워진다. 그러다가 어느 순간 개가 앞발로 귀를 막는 것처럼 보일 것이다. 이때가 최고의 보상인 잭팟을 터뜨릴 때로 학습목표를 성취한 것에 대해 후하게 보상해야 한다.

STEP 6 } **「어머나!」**

처음에는 타깃스틱을 사용하고, 수신호로 앞발 들기에 성공하면 이제 말로 지시할 단계이다. 깜짝 놀란 듯이 재미있게 「어머나!」라고 해도 좋고, 평범하게 「만세」란 지시어를 사용해도 좋다. 어떤 지시어를 선택해도 좋지만 앞으로 이 연기에는 계속 같은 지시어를 사용하면 된다.

앞발 접기

이 연기는 대부분의 개들이 아주 쉽다고 느낄 것이다.
그도 그럴 것이 낯선 동작이 아니라 개들이 자연스럽게 흔히 하는 행동을 요구하기 때문이다.
개가 지시에 따라 앞발을 안으로 접었다가 펴게 하는 것이 목표이다.
이것은 엎드린 자세에서 시작한다.

STEP 1 앞발이 시리다?

개들은 여러 다양한 상황에서 흔히 스스로 앞발을 접는다. 예를 들어 추울 때도 그렇다. 따라서 이런 상황을 유용하게 활용할 수 있는데, 잘 보고 있다가 개가 앞발을 접으면 바로 보상한다. 클리커를 사용해도 좋다.

STEP 2 발 간지럼

개가 앞발을 잘 접지 않으면 접게 하면 된다. 예를 들어 개가 엎드려 있을 때 앞발을 간질인다. 이때 조금이라도 앞발을 접는 행동을 하면 바로 보상한다. 개의 앞발에 간식을 올려놓고 먹지 못하게 해도 앞발을 접는다.

STEP 3 알맞은 지시어 사용

다음에는 지시어를 정하여 사용한다. 예를 들어 「접어」라고 하거나 다른 지시어를 사용해도 된다. 앞으로 계속 같은 지시어를 사용하기만 하면 된다. 개가 앞발을 접으면 재빨리 지시어를 말하고 보상한다.

STEP 4 지시어를 익힌 경우

이제 트레이너는 개에게 「접어」라고 지시했을 때 앞발을 접는 훈련을 반복한다. 아마 개는 이미 지시어와 트레이너가 요구하는 행동의 연관성을 파악했을 것이다. 개가 반응을 보이지 않으면 일단 간지럼을 태워 앞발을 접게 하다가 점차 말로만 지시한다.

STEP 5 } 앞발 오래 접고 있기

이번 단계에서는 앞발을 접고 오래 있는 것을 집중적으로 연습한다. 개가 확실하게 앞발을 접고 오랫동안 그 자세를 유지하기 전에는 보상하지 않는다. 이 훈련이 잘 되면 다음 훈련으로 넘어간다.

STEP 6 } 보너스 훈련

「앞발 주기」(p.58 STEP 1 참고)를 개가 이미 익힌 상태라면 유리하다. 먼저 지시어를 사용하여 개가 앞발을 접게 한다. 이 자세에서 개에게 한쪽 앞발을 내밀도록 유도하고, 다음에는 앞발을 다시 접게 한다. 이것을 여러 번 반복한다.

STEP 7 } 보조도구 없이

개가 위의 과정을 무난히 잘 해내면 트레이너는 개에게 앞발을 내밀라고 지시할 때 손 사용을 점차 줄인다. 앞발이 바닥에 닿으면 잘했다고 칭찬해준다. 시간이 좀 더 지나면 트레이너가 시각적인 보조도구를 전혀 사용하지 않아도 개가 마치 마법처럼 앞발을 움직이게 된다.

앞발을 앞으로? 문제없지.
…… 그리고 다시 접는다!

다리 절기

이 역시 인기 있는 스타 연기견의 고정 레퍼토리다.
지시를 듣고 다리를 저는 연기는 지금도 그렇지만 앞으로도 계속 요구될 것이기 때문이다.
이 연기는 「앞발 주기」가 기본이 되어 단계적으로 난이도를 높이면 「다리 절기」가 완성된다.
균형 감각과 협동이 요구되는 연기이다.

STEP 1 } 전제 조건은 「앞발 주기」

이 연기의 전제 조건은 개가 「앞발 주기」에 숙달되어 있어야 한다는 것이다. 이것을 매끄럽게 하지 못하면 차근차근 처음부터 연습해야 한다. 클리커와 간식만 있으면 금방 성공할 수 있다. 방법은 개가 「앉아」 자세로 있을 때 트레이너가 손으로 앞발을 들도록 유도한다. 이때 개가 아주 조금만 시늉을 해도 보상한다. 그러나 개가 앞발을 들지 않으면 반복해서 연습을 한다.

STEP 2 } 떨어져서 「앞발 주기」 지시하기

개가 「앞발 주기」를 잘 하면 트레이너가 손을 점점 뒤로 빼서 거리를 둔다. 나중에는 트레이너가 바로 앞이 아니라 조금 떨어진 곳에서 수신호로만 지시해도 개가 앞발을 올리게 된다. 이것은 다음에 할 「다리 절기」에서 매우 중요하다.

STEP 3 } 앞발을 더 앞으로 뻗기

처음에는 개가 앞발을 들면 트레이너가 손을 내밀어 도와준다. 앞발을 더 앞으로 뻗을 수 있게 발이 닿기 전에 트레이너가 자신의 손을 뒤로 빼는데, 이때 개가 앞발을 앞으로 쭉 뻗으면 보상한다.

STEP 4 } 앞발 높이 들고 걷기

이제 트레이너가 좀 더 멀리 떨어져서 개가 앞발을 뻗은 자세로 한 발자국 걸어오게 한다. 처음에는 아주 조금만 걸어도 되지만, 나중에는 점점 거리를 넓혀서 개가 앞발을 들고 여러 걸음을 걷게 한다. 이때 개가 중간에 앞발을 내려놓으면 연습을 중단하고 보상 없이 처음부터 다시 시작한다.

STEP 5 } 세 발로 걷기

「다리 절기」는 몸의 각 부분이 조직적으로 조화를 잘 이루어야 제대로 해낼 수 있다. 따라서 개가 세 발로 몇m 이상을 실제로 걸을 수 있을 때까지는 상당히 오랜 시간을 연습해야 한다. 이때 균형 감각도 아주 많이 길러지며, 이 훈련으로 다른 연기도 쉽게 잘 해나갈 수 있게 된다.

> **knowhow**
> 「다리 절기」는 난이도가 높은 연기이다. 개가 잘 못하는 경우에 개의 앞발 바닥에 밴드를 붙이는 것도 좋은 방법이다.

다리 꼬기

이 연기는 찰리 채플린의 매력적인 슬랩 스틱 코미디를 연상시켜 보는 사람을 즐겁게 한다.
특히 개와 트레이너가 나란히 서서 함께 다리를 꼬면 더욱 재미있는 인상을 준다.
이 연기는 다리가 긴 개가 훨씬 유리하다.

STEP 1 } 오른손은 왼쪽 앞발, 왼손은 오른쪽 앞발

「다리 꼬기」를 하기 전에 먼저 앞발을 내밀도록 지시한다. 왼쪽 앞발은 물론 오른쪽 앞발도 내밀게 한다. 이때 「앉아」 자세에서 연습하는 것이 가장 좋다. 트레이너의 오른손은 개의 왼쪽 앞발을, 왼손은 오른쪽 앞발을 내밀게 유도하는데, 성공하면 보상한다.

STEP 2 } 「앞발 주기」와 「엎드리기」

앉은 자세에서 「앞발 주기」를 문제없이 성공하면, 트레이너가 「엎드려」를 지시하여 개가 배를 대고 엎드리게 한다. 다음 단계로 넘어가기 전에 이것이 먼저 순조롭게 이루어져 있어야 한다.

STEP 3 } 엎드린 상태에서 다리 꼬기

이제 개가 엎드린 자세에서 지시를 듣고 왼쪽과 오른쪽 앞발을 들어 올리게 한다. 이때 우연히 자연스럽게 다리를 꼬는 자세가 나오면 바로 보상하고 이 과정을 반복한다. 대부분

의 개는 앞다리를 꼬면 보상을 받는다는 것을 금방 알아챌 것이다. 잘 안 되면 손을 써서 도와준다.

STEP 4 〉 선 자세로 다리 꼬기

이제는 개가 전 과정을 서서 해야 한다. 먼저 트레이너가 개의 맞은편에 서서 앞발을 내밀도록 유도한다. 이때 한쪽 앞다리가 다른 쪽 앞다리와 교차해서 바닥을 짚으면 보상한다.

STEP 5 〉 다리 꼬고 있는 시간 늘리기

이 훈련은 셀 수 없이 많이 반복해야 한다. 처음에는 개가 다리를 꼰 자세로 몇 초만 있어도 된다. 그러나 점차 지시와 보상 사이의 시간 간격을 늘려 나간다.

STEP 6 〉 다시 엎드리기

서서 다리를 꼰 상태에서 「엎드려」 자세를 취하게 하는 것으로 이 연기의 마지막을 멋지게 장식한다.

헤드뱅잉

「헤드뱅잉」 연기를 즐기기 위해서 반드시 하드록 팬이어야만 하는 것은 아니다.
장발의 로커처럼 개가 머리를 좌우로 흔들고
트레이너와 함께 음악에 맞춰 움직이는 모습이 관객 모두의 탄성을 자아낸다.

STEP 1 } 주둥이에 끈 묶고 얌전히 앉아 있기

이 훈련은 개가 얌전히 앉은 자세로 시작하기 때문에 「앉아」란 지시가 기초가 된다. 교육을 잘 받은 개 외에는 주둥이를 고정시킬 넉넉한 길이의 끈이 필요하다. 끈이 길다고 금방 벗겨질 정도로 느슨하게 묶으면 안 된다.

STEP 2 } 살살 고개 끄덕이기

대부분의 개는 본능적으로 주둥이를 묶은 끈을 앞발로 벗겨 내려고 한다. 이때 자동적으로 고개를 아래로 숙이면서 마치 고개를 끄덕이는 것처럼 보인다. 트릭도그 트레이너는 바로 이 점을 의도적으로 훈련에 이용하면 된다.

STEP 3 } 「흔들어」 지시하기

이제 「흔들어」란 지시어를 사용할 때이다. 개가 고개를 끄덕이는 바로 그 순간에 정확히 지시한다. 이 행동을 칭찬하기 위해 행동하는 순간 클리커를 누르고 간식을 준다.

STEP 4 } 반복 연습

이 과정은 여러 번 반복해서 연습해야 한다. 고개를 끄덕이는 행동과 「흔들어」란 지시어, 그리고 뒤따르는 칭찬 사이의 관계를 개가 확실히 알 때까지 계속한다.

STEP 5 } 리듬을 타며 「헤드뱅잉」

이제 트레이너가 주둥이를 묶은 끈을 빼고 앞에서 훈련한 「흔들어」란 지시어만 듣고 개가 고개를 끄덕이도록 유도한다. 처음에는 아주 작은 시도만 해도 칭찬해주고, 나중에는 개가 고개를 끄덕이더라도 앞발로 코를 만지지 않을 때만 보상한다. 최종 연기 목표는 개와 트레이너가 마주 보면서 음악에 맞춰 함께 고개를 끄덕이는 것이다. 마치 진짜 헤드뱅잉을 하는 것처럼 말이다.

메이크업

개가 사람의 입술에 예쁘게 립스틱을 바른다!
개가 자신감 넘치고 확신에 찬 메이크업 아티스트라면 이 과정이 몇 배는 더 재미있어진다.
사람의 입술선을 따라 정확히 그리지 못해도 괜찮다.

STEP 1 } 매혹적인 입술을 위한 립스틱 준비

먼저 립스틱을 준비한다. 안 쓰는 오래된 립스틱이나 저렴한 것으로 준비한다. 립스틱은 개가 잘 물 수 있게 플라스틱 케이스가 좋고, 너무 가늘어도 안 좋다.(p.19 참고)

STEP 2 } 립스틱을 안정적으로 물고 있기

이제 개가 이빨로 립스틱을 무는 것을 배운다. 처음에는 트레이너가 손으로 받쳐주고, 다음에 혼자 물고 있게 한다. 아주 작은 성과만 보여도 개에게 보상을 해주는데, 제대로 안 되면 계속 연습하면서 물고 있는 시간을 점차 길게 늘린다. 반드시 개가 립스틱을 앞니로 물고 있어야 한다는 것을 주의하자. 어금니 쪽은 안정적으로 물고 있을 구강 구조가 아니기 때문이다. 이것은 나중에 메이크업을 할 때 중요하다.

STEP 3 } 얼굴을 가까이 맞대고

먼저 트레이너가 얼굴을 개에게 가까이 가져가서 얼굴에 립스틱을 갖다 대는 순간 바로 칭찬한다. 그런 다음 개가 트레이너 얼굴에 립스틱을 가져가야 한다는 것을 가르쳐야 한다. 개가 조금이라도 트레이너 얼굴 가까이 다가가면 칭찬하고, 개가 완벽하게 이해할 때까지 반복한다.

STEP 4 } 초보 메이크업 아티스트 인내하기

다음에는 「립스틱 물고 있기」와 「가까이 다가오기」 두 행동을 조합시키는 훈련이다. 또한 동시에 「그려」라는 지시어를 사용한다. 처음에는 물고 있는 립스틱을 자주 바닥에 떨어뜨리는데 이때 인내심이 필요하다. 연습을 계속하면서 중간에 성공하면 보상하고, 연습 시간을 점차 늘려나간다.

STEP 5 } 섬세한 메이크업 작업

개가 립스틱을 안정적으로 꽉 물고 트레이너 얼굴에 다가갈 수 있으면 이제 정교한 작업이 시작된다. 립스틱을 입술에 발라야 하기 때문에 개가 립스틱을 트레이너의 입술에 갖다 대야 한다. 물론 얼굴을 움직여 도와줄 수도 있지만, 개가 정확히 입술에 립스틱을 갖다 대야 한다. 이 연기에서 가장 어려운 점은 터져 나오는 웃음을 참는 일이다. 웃음을 참지 못하면 개가 치아에도 예쁘게 립스틱을 칠해줄 것이다.

옷 벗기기

집사를 두려면 돈이 많이 든다? 그렇다면 개를 세심한 일꾼으로 교육시켜서 코트를 벗을 때 시중을 들게 하면 어떨까? 이 연기는 아주 쉽게 가르칠 수 있다. 주의할 점이 있다면 돕고 싶어 안달이 난 개의 이빨을 견딜 만큼 튼튼한 소재의 옷을 선택해야 한다는 정도이다.

STEP 1 } 기본 전제 조건

이 연기에는 기본 전제 조건이 있다. 개가 사람과 함께 하는 「잡아당겨」(p.33 참고)란 지시와 「가져오기」, 「물건을 받아서 입에 물고 있기」 등을 습득하고 있어야 한다.

STEP 2 } 양말 잡아당기기 놀이

처음에는 「잡아당기기」 놀이에서 출발한다. 트레이너가 낡은 양말을 가져와서 개에게 「잡아당겨」를 지시하고, 개가 양말을 잡아당기면 바로 보상한다. 개들은 마치 어린이날이나 성탄절을 만난 것처럼 즐거워한다.

STEP 3 } 빨래를 부탁해

이제는 트레이너가 양말을 손에 끼는데, 대신 낡은 장갑을 끼고 있어도 괜찮다. 다음에는 끼고 있는 양말이나 장갑으로 개를 자극해서 잡아당기고 싶은 욕구를 일으킨 후, 트레이너가 양말이나 장갑을 잡아당기도록 지시한다. 처음에는 개가 양말이나 장갑을 입에 무는 순간 바로 보상하고, 나중에는 개가 그것을 잡아당길 때만 보상한다.

STEP 4 } 처음에는 양말 벗기기부터

이번에는 트레이너가 양말을 다 벗지 않고 발 위에 살짝 걸쳐두는데, 발가락까지만 벗는다. 전체 과정을 반복 연습하면서 차츰차츰 양말을 더 신는다. 개가 벗길 때 절대 이빨로 발가락을 건드리면 안 되고, 개가 정확히 양말만 잡아당길 때 보상한다. 개가 점점 더 정확히 양말을 벗기면 양말을 완전히 신은 상태에서 벗기게 한다.

STEP 5 } 이제는 옷 벗기기

이 연기는 모든 종류의 옷에 적용할 수 있다. 예를 들어 지퍼가 달린 운동복 상의도 가능하다. 개에게 앞 단계에서 양말을 벗기던 훈련과 마찬가지로 지퍼 손잡이를 정확히 물어서 잡아당기는 것을 가르친다. 그 다음에는 소매 끝을 물어서 잡아당기도록 훈련한다. 이제 개는 집사의 소양을 갖춘 진짜 도우미가 되었다.

뒷다리 들어 올리기

여기서는 지시에 따라 소변을 보는 연기가 아니라, 여러 상황에서 활용할 수 있는 연기를 훈련한다.
개가 뒷다리를 들어서 정해진 목표물에 올려놓는 것을 배우는데,
이때 창의력을 조금만 더하면 아주 재미있는 포즈를 연출할 수 있다.

STEP 1 } 뒷발 자극하기

트레이너는 개의 앞이나 옆에 서서 손으로 개의 뒷발 중 하나를 건드린다. 개가 뒷다리를 들어 올릴 때까지 계속 건드리고, 다리를 들면 바로 칭찬한다. 개가 아무 반응도 보이지 않을 경우에는 뒷발을 간지럼 태워도 괜찮다. 그러면 대부분의 개들이 뒷발을 들어 올리는데 이때 트레이너가 보상을 한다.

STEP 2 } 뒷다리 내밀기

이 단계에서는 개가 뒷발로 트레이너의 손을 건드리도록 가르친다. 어렵다고 생각하겠지만 절대 그렇지 않다. 「앞발 주기」도 잘 한 것처럼 트레이너의 손을 이용하면 쉽게 가르칠 수 있다. 트레이너는 뒷발 가까이에서 손을 들고 개가 스스로 뒷발을 드는지 관찰한다. 스스로 들지 않으면 계속해서 손으로 개를 자극하고, 뒷발을 드는 순간 「뒷발」이라고 지시어를 말한다. 그리고 개가 의식적으로 트레이너의 손을 건드릴 때만 보상한다.

STEP 3 } 손 이용하기

이제 트레이너는 손의 옆면을 아래로 향하게 하여 개가 방향을 잡는 타깃으로 이용한다. 개가 지시에 따라 손을 건드리는 것을 배우면 다양한 소품을 활용하여 훈련 내용을 풍성하게 만들 수 있다. 처음에는 쓰레기통과 같은 안정적으로 서 있는 단순한 소품을 이용하는데, 소품에 손을 대고 뒷다리를 올리라고 지시한 후 성공하면 바로 보상한다.

STEP 4 } 손 없이 연습하기

연기가 더욱 흥미진진해 보이려면 연습 과정에서 트레이너가 소품에 손을 대는 것을 점차 하지 말아야 한다. 소품에 재빨리 손을 댔다가 빼는 방법으로 손을 사용하는 시간을 점차 줄여나간다. 이렇게 하면서 개가 발로 소품을 건드리면 바로 보상한다.

STEP 5 } 소품에 다리 올리기

이제 개가 정해진 소품으로 다가가서 그 위에 다리를 올려놓는 방법을 배운다. 이 과정도 목표로 삼을 타깃을 이용하면 쉽게 가르칠 수 있다. 먼저 타깃을 소품 밑에 놓아둔다. 트레이너는 개를 타깃이 있는 곳으로 보낸 다음, 팔을 쭉 뻗어서 지시하여 개가 뒷발로 소품을 건드리게 한다. 조금만 진전을 보여도 바로 보상한다. 성공하면 다양한 소품을 활용하여 연기를 더욱 다채롭게 만들어본다.

신발끈 풀기

지친 몸으로 저녁에 돌아와서 신발을 벗기조차 피곤하다면?
허리를 굽힐 때 통증이 느껴져서 아프다면? 이럴 때는 개에게 맡기면 된다.
개는 신발끈 푸는 것을 분명히 재미있어 할 것이다. 특히, 칭찬과 보상을 듬뿍 해준다면 말이다.

STEP 1 } 개가 잡아당길 수 있는 모든 물건을 사용

이 훈련은 개가 물건을 잡아당기는 연기 중 대표적인 것이다. 가구의 문이나 묶여서 구조를 요청하는 사람, 그 밖에 다른 물건도 괜찮다. 상상의 나래를 펼쳐보자.

STEP 2 } 「잡아당겨」

모든 훈련은 놀이 본능에서 시작된다. 트레이너가 개에게 밧줄이나 장난감 소시지를 잡아당기도록 유도하고 동시에 「잡아당겨」라고 지시한다. 처음에는 개가 물건을 물자마자 보상을 하지만, 점차 개가 물건을 잡아당길 때만 보상해야 한다. 이것을 잘 하게 되면 바지, 서랍장, 옷소매, 신발끈 등 다른 물건으로도 연습해본다.

STEP 3 신발끈 종류와 매듭을 묶는 비밀

이 훈련의 성공은 어떤 신발이냐에 달려 있기도 하다. 끈이 가는 고급 신사화보다는 끈이 굵고 튼튼한 운동화가 훨씬 더 풀기 쉽다. 연습을 많이 하다보면 끈이 개 이빨에 망가질 수 있으므로 싼 신발끈을 여러 개 준비한다. 가죽끈은 개가 금방 이빨로 끊어버릴 수 있어서 좋지 않다. 매듭은 너무 단단히 묶지 말고 느슨하게 묶는다.

STEP 4 진짜 포로놀이?

신발끈으로 연습하는 것이 지겨워졌다면 기분 전환을 위해 포로놀이를 해보자. 먼저 1~2cm 굵기의 끈을 준비한다. 다른 사람의 도움을 받아 이 끈으로 손을 등 뒤에서 묶는다. 이때 매듭은 단순한 방법으로 1개만 만들고, 끈은 개가 잡아당기기 쉽게 1줄을 한쪽으로 늘어뜨린다. 그런 다음 「잡아당겨」라고 지시하면 매듭을 풀기 시작할 것이다. 매듭을 풀기 위해 무엇인가를 잡아당기게 하는 좋은 훈련이다. 작은 개들은 뒷발로 서야 자세가 나올 수도 있다. 따라서 처음에는 개가 매듭을 풀기 쉽게 손이 묶인 사람이 쪼그려 앉는다.

부끄럼 타기

훈련에 앞서 한 가지 분명히 알아둘 것은 파슨 러셀 테리어인 사진 속 시라노가 부끄러워할 이유가 없다는 것이다. 그럼에도 불구하고 트릭도그스 팀원인 자신의 반려인을 기쁘게 하기 위해 기꺼이 부끄럼을 탄다. 아래 차례로 나열된 사진들은 2종류의 연기가 어떤 순서로 진행되는지 보여준다.

방법 1

STEP 1 개 주둥이에 씌운 방해 장치

고무줄을 개 주둥이에 느슨하게 끼우는데, 가능하면 깊숙이 끼운다. 개는 왜 고무줄을 끼워놓았는지 의아해하며 고민할 것이다. 트레이너가 침착하게 기다리고 있으면 개는 쉽게 고무줄을 벗겨낼 것이다.

STEP 2 코를 문지르면 실패!

개는 주둥이를 바닥에 비비면서 가장 직접적인 방법으로 고무줄을 벗겨내려 하다가 안 되면 앞발을 사용하는데 결코 쉽지 않을 것이다. 이 단계까지는 클리커로 보상하지 않는다. 「부끄럼 타기」는 바닥에 비비는 것이 아니라, 곧은 자세로 앞발을 주둥이에 갖다 대야 하기 때문이다. 하지만 엎드려 있는 개에게 코를 문지르게 지시하여 새로운 연기를 연출할 수도 있다.

STEP 3 앞발 사용

이제는 개가 앉은 자세에서 고무줄을 벗겨내려고 할 것이다. 이때 앞발을 높이 드는 것은 소용이 없고, 앞발로 정확히 고무줄을 만지는 순간에만 클리커를 누른다. 이 훈련은 콧등에 앞발을 갖다 대고 그대로 있는 것이 목표로 처음에는 몇 초만 해도 충분하다.

STEP 4 } 클리커 효과

트레이너가 정확한 순간에 클리커를 사용하면 아주 효과적이다. 개가 조금씩 원하는 행동을 하면 바로 클리커를 눌러 보상한다.

방법 2

STEP 1 } 캥거루 자세

개가 다른 형태의 「부끄럼 타기」를 보여줄 것이다. 트레이너는 개에게 앞발을 들어 자신의 팔뚝에 놓는 것을 가르쳐야 하는데, 트레이너가 개 앞에서 간식을 위쪽으로 가져가면 효과적이다. 처음에는 원하는 자세를 아주 잠시만 취해도 되지만 점차 시간을 늘린다.

STEP 2 } 머리 숙이기

이제 난이도가 높아진다. 하지만 간식을 이용하면 전혀 문제없다. 개는 앞발을 트레이너의 팔뚝에 올린 상태로 팔뚝 아래에서 머리를 숙이고 시선은 앞을 바라본다. 간식은 팔뚝 아래에서 머리를 숙이고 있을 때만 준다. 물론 이때 클리커로 잘했다는 것을 확인시켜주는 것도 좋다. 이 경우 간식 대신 클리커를 손에 들고 진행한다.

STEP 3 } 구석에서 부끄러워하기

이번에는 지금까지 배운 것을 새로운 상황에 적용한다. 개가 앞발을 팔 대신 서랍장에 올려놓는다. 트레이너는 손에 간식을 쥐고 개의 고개 위치를 조종하는데, 원하는 자세를 취할 때 클리커를 눌러 보상한다.

STEP 4 } 보조 수단 사용

개가 무엇을 해야 할지 잘 모르면 중간 단계 연습으로 트레이너의 팔을 서랍장에 올려놓고 훈련한다. 이것은 첫 단계에서 이미 배운 것으로 여러 번 반복한 다음 잘 하면 팔을 떼고 연습한다.

Pro-Tricks
props use

프로 트릭

**손재주 많고 만들기 좋아하는
사람에게는 안성맞춤**

트릭도그 훈련에 소품이 빠진다면 팥 없는 찐빵 같지 않을까? 취미로 무언가를 만들기 좋아하거나 집에 온갖 잡동사니가 가득 차 있다면 트릭도그 훈련을 훨씬 더 다채롭고 역동적으로 할 수 있다. 물론 아주 재미도 있다.

② 소품을 이용한 연기

빅 보스

훌륭한 연기견은 훌륭한 사진 모델이 되기도 한다. 이번에는 개가 온갖 재미있는 포즈를 취하고 사진작가가 마음에 드는 사진을 찍을 때까지 참을성 있게 기다리는 법을 배운다. 아래 사진들에서는 '스푼'이란 이름을 가진 프렌치 불독의 아주 특별하고 난이도 높은 포즈를 볼 수 있다.

STEP 1 선글라스 쓰기

개가 「앉아」와 「엎드려」란 지시는 능숙하게 해내지만 선글라스가 무엇에 쓰는 물건인지는 모른다. 그러므로 트레이너는 개에게 「엎드려」를 시켜 선글라스를 씌우고 벗겨지지 않게 손으로 턱을 받친다.

STEP 2 선글라스에 적응하기

개가 선글라스를 벗으려고 하면 트레이너가 손으로 막고 있다가 몇 초 지나면 선글라스를 벗기고 보상한다. 다음에 연습할 때는 선글라스를 쓰고 있는 시간을 단계적으로 점차 늘린다.

STEP 3 칭찬과 격려

처음에는 절대 선글라스를 오래 쓰게 하지 않고, 실패하더라도 야단치지 않는 것이 중요하다. 만약 선글라스가 떨어지면 계속해서 다시 씌우고 잠시만 그대로 있게 한다. 성공하면 바로 클리커를 누르고 보상한다.

STEP 4 시가 탐색

이제 종이로 만든 시가를 사용할 단계로, 「살살 물어」를 지시하기 때문에 난이도가 올라간다. 트레이너는 개에게 앉는 자세를 취하게 하고 앞에서 시가를 보여준다. 개가 시가에 관심을 보이는 순간 클리커를 누르고 보상한다. 이 과정에서는 좀 더 튼튼한 장난감 시가를 사용한다.

STEP 5 시가를 물어뜯어? 안 돼!

개가 시가를 입에 물면 트레이너는 바로 클리커를 누르고 보상한다. 그러나 개가 시가를 물어뜯으면 보상하지 않는다.

STEP 6 } 시가 물고 있기
처음에는 개가 1초 정도만 시가를 물고 있어도 되지만 점차 시간을 10초 이상으로 늘린다. (p.18~19 「물건을 받아서 물고 있기」 참고)

STEP 7 } 영화배우보다 멋진 모습
이제 트레이너는 앞에서 훈련한 '선글라스'와 '시가' 2종류의 연기를 접목시켜야 하는데, 훈련은 다음과 같이 단계적으로 진행한다. 1초간 선글라스 쓰기→시가 물고 있기→클리커 누르기→간식→물건 치우기.

STEP 8 } 빠른 자동차가 마음에 들어?
트레이너가 개에게 장난감 자동차를 보여주고 친해지게 한다. 간식으로 개를 가까이 다가오게 하거나, 간식을 차 안에 넣어두어도 좋다.

STEP 9 } 더 가깝게 다가가기
이젠 개가 앞발을 차에 올리고 서면 간식을 주는데, 이때 자동차가 저절로 움직여서 개가 놀라지 않게 한다.

STEP 10 } 한번 타볼까?
개가 간식을 좇아 자동차 위로 올라가야 한다. 그러기 위해서는 개가 발을 딛고 올라갈 곳을 찾도록 차 주변을 돌게 한다.

STEP 11 } 차분하게 기다리기
개가 자동차 위에 올라가면 「앉아, 기다려」를 지시하는데, 이때 개가 이 지시를 습득했는지 알 수 있다. 장난감 자동차나 오토바이에 타기 전에 개가 흔들리는 물건 위에 앉아서 자세를 유지하는 연습이 충분히 되어 있어야 한다.

STEP 12 } 멋진 사나이!
마지막으로 선글라스와 종이 시가와 장난감 자동차 연기를 조합하는 단계이다. 성공하면 1초 동안 기다렸다가 클리커를 누르고 보상한다. 포즈를 취하는 시간을 점차 늘리는데 절대 개에게 무리가 가면 안 된다.

스케이트보드 타기

개와 스케이트보드는 잘 어울리지 않는다? 트릭도그 팬이라면 TV에 종종 나오는 스케이트보드, 수상스키, 서핑보드, 스노보드 등을 타는 개들을 봤을 것이다. 트레이너 아니카 퓌셰와 잭 러셀 테리어인 알리나는 보드를 즐겨 탄다. 스케이트보드를 어떻게 타야 하는지 다음 사진이 차례대로 보여준다.

STEP 1 첫 번째 만남

스케이트보드를 개에게 처음 소개시키는 단계이다. 바퀴는 저절로 움직이지 않도록 고정시킨다. 트레이너가 손으로 판을 붙들어 고정한 다음 간식을 이용해 개가 앞발을 보드 위에 올려놓게 유도한다. 성공하면 말로 칭찬하고 바로 간식을 주어 보상한다.

STEP 2 스케이트보드에 올라서기

앞발을 스케이트보드에 올렸다면 이제 네발 모두를 보드 위에 올려놓게 해야 한다. 이때도 스케이트보드가 갑자기 움직이면 개가 불안해하므로 움직이지 않게 한다. 또한, 보드가 위로 들리지 않게 트레이너는 처음부터 개가 한가운데에 올라서게 한다.

STEP 3 스케이트보드 움직이기

개가 스케이트보드 위에 올라서기까지 시간이 오래 걸릴 수 있다. 성공하면 트레이너는 이제 조심스럽게 스케이트보드를 한 손으로 민다. 이때 보조자가 한 명 있으면 좋다. 개가 보드를 미는 트레이너 주위를 맴돌지 않도록 보조자는 보드 앞에서 개에게 간식을 보여준다. 개가 보드의 진행 방향을 보고 있어야 균형 잡기가 훨씬 쉽다. 이때 반드시 처음에는 보드를 아주 천천히 밀다가 점차 속도를 높인다.

STEP 4 } 바닥에 앉기
보드를 밀 때 개가 그 위에서 자신 있게 균형을 잡고 있으면 다음 단계로 넘어가 「앉아, 기다려」부터 시작한다.

STEP 5 } 스케이트보드가 움직이지 않게 준비
개가 제자리에 안정감 있게 앉아 있으면 트레이너가 멀리 떨어진다. 스케이트보드를 1~2m 정도 떨어진 곳에 준비하고, 절대 보드가 빠른 속도로 굴러가지 않도록 주의한다.

STEP 6 } 단숨에 보드 위로
트레이너가 개를 소리나 간식을 이용해 부르면 빠른 속도로 달려오는데, 어떤 지시를 할지 알고 있는 듯하다. 개가 보드 위로 올라서면 보드가 조금 움직이지만 그다지 심하게 움직이지는 않는다.

STEP 7 } 출발 준비
긴장감이 고조된다. 이제 트레이너와 개 모두 보드에서 떨어지고, 보드는 개가 올라타기만 하면 굴러갈 수 있는 상태이다. 트레이너는 조금 떨어진 곳에서 개에게 「앉아」를 지시하고 뒤로 물러선다.

STEP 8 } 출발!
개가 해당 지시어를 듣고 망설임 없이 빠르게 보드로 달려간다. 정확히 계산된 도약으로 보드 한가운데 올라서면 보드가 움직이기 시작하고, 개는 균형을 잡기 위해 엉덩이를 올리면서 앞다리를 쭉 늘인다.

상자벽 통과하기

이 연기는 개가 용감하게 뛰어올라 높이 1m가 넘는 상자벽을 통과하는 것으로,
영화에 활용될 만큼 쫓고 쫓기는 박진감 넘치는 '범행 현장' 분위기를 연출한다.
개가 불확실한 것에 뛰어들 수 있으려면 많은 연습량이 필요하며, 그보다 더 중요한 것은 깊은 신뢰감이다.

STEP 1 } 상자벽 준비

이 연기에서 꼭 필요한 것이 종이박스이다. 마트에서 쉽게 구할 수 있는 단순한 종이박스가 가장 좋다. 우선 상자로 벽을 만든 뒤 개에게 보여주어 친해지게 한다. 그리고 벽 앞에 어질리티용 작은 높이뛰기 막대를 설치한 다음 개에게 「점프」 등을 지시하여 뛰어넘게 한다. 방법은 트레이너가 개를 장벽 앞으로 데려가서 「기다려」를 지시하여 그곳에서 기다리게 한 다음, 개와 떨어져서 장애물 1~2m 앞에서 개를 부른다.

STEP 2 } 가벼운 워밍업

이제 높이뛰기 막대 아래에 종이박스 2개를 놓는다. 이 단계는 익숙하지 않은 시각적 자극에 개를 적응시키기 위해 중요하다. 개는 다시 「기다려」 지시를 듣고 장애물 뒤에 앉아 있다가 「점프」 지시에 따라 그 위로 뛰어 넘는다. 성공하면 칭찬하고 간식으로 보상한다.

STEP 3 } 상자 장애물

이제 높이뛰기 막대를 뺀다. 상자 4개를 일렬로 놓고 그 위에 2개를 올려놓는데, 위쪽 두 상자 사이를 벌려 개가 점프할 때 빠져나가기 쉽게 만든다. 개가 자신 있게 상자를 밀칠 수 있게 전 과정을 반복한다.

STEP 4 공중에서 떠 있는 상자에 적응하기

개가 예민할 경우에는 이 단계를 오랜 시간 연습해야 한다. 이 단계는 나중에 상자벽을 뚫고 통과할 때 상자들이 많이 튕겨져 떨어지기 때문에 개가 이 상황에 적응하게 하는 것이 목표이다. 그 중 일부는 개의 귀 옆을 스칠 수 있으므로 이때 개가 놀라면 안 된다. 따라서 개가 점프할 때 옆에서 보조자가 상자를 공중에 들고 함께 연습한다.

STEP 5 떨어지는 상자에 익숙해지기

보조자가 들고 있는 상자에 개가 더 이상 관심을 기울이지 않게 되면, 이제 보조자는 개가 점프할 때 상자를 멀리 던진다. 처음에는 상자를 개와 먼 곳에 떨어뜨리고 점차 가까운 곳에 떨어뜨린다. 개가 불안해하지 않을 때까지 연습한다.

STEP 6 상자틈 점점 좁히기

이제 상자 사이의 틈을 점차 좁혀나가는데, 틈이 약 50㎝가 될 때까지 줄인다. 동시에 보조자는 개가 점프를 하는 동안 상자들을 떨어뜨린다. 개가 두려워하지 않으면 틈을 더 좁혀서 개가 점프할 때 부딪혀 상자가 바닥으로 떨어지게 한다. 마지막 단계에서는 개를 높은 상자벽 뒤에 세우고 벽 한가운데에 개가 빠져나갈 수 있는 아주 작은 틈만 남겨둔다. 개가 점프해서 상자들을 무너뜨리면서 벽을 뚫고 통과한다.

줄넘기

사람과 개가 함께 줄넘기를 하는 모습은 놀라움과 감탄을 자아낸다. 줄넘기는 난이도가 매우 높기 때문이다. 둘이 함께 하늘 높이 뛰어오를 때, 줄이 공기를 가르는 위협적인 소리에 개가 놀라지 않아야 한다.

STEP 1 } 앉아서 시작

개가 트레이너 앞에 앉아서 시작하기를 기다린다. 개가 이미 「앉아」를 배웠고, 클리커로 훈련한 경험이 있어야 한다. 이 단계에서는 개가 앉아서 트레이너 손을 쳐다보기만 하면 되는데, 쳐다볼 때 클리커를 누르고 간식을 준다.

STEP 2 } 줄 없이 높이 뛰기

이제 트레이너가 개에게 「점프」를 지시하여 높이 뛰게 한다. 대부분의 개들이 공중으로 뛰어오르려고 하지 않으므로 개가 점프하면 간식을 얻을 수 있다는 것을 알도록 트레이너는 한손에 간식, 다른 한손에는 클리커를 들고 훈련시킨다. 이때 중요한 것은 개가 높이 뛰기를 하기 전에 준비운동으로 몸을 풀어야 한다.

STEP 3 } 사람과 함께 높이 뛰기

대부분의 개는 먹이로 쉽게 조종되지만, 어떤 개들은 놀이에 충동을 느껴서 움직이기도 한다. 이 경우에는 트레이너가 간식 대신 장난감을 들고 훈련한다. 먼저 몸을 숙여 장난감을 보여주고, 똑바로 서서 「점프」를 지시한다. 그리고 위로 폴짝 뛰는 정도의 아주 작은 행동만 보여도 클리커를 누른다. 그 다음에는 개가 장난감을 가지고 뛰어놀게 한다. 개가 지시에 따라 하늘 높이 뛰어오르면 트레이너도 같이 뛰기 시작한다. 처음에는 발끝을 살짝만 떼는 것부터 시작해서 차츰 서서히 높이 뛰도록 훈련을 차근차근 진행해 나간다.

STEP 4 〉 조심! 이제 줄을 사용할 때

이제 줄을 사용할 차례이다. 트레이너는 일반적인 무게의 줄넘기를 준비한다. 처음에는 줄넘기를 손에 쥐고만 있고, 뛰어오를 때 줄을 돌리지 않는다. 보통 개들이 줄에 겁을 먹기 때문에 이 단계에서는 훈련을 조심스럽게 진행한다.

STEP 5 〉 줄 돌리기

트레이너는 개가 돌아가는 줄에 적응할 수 있도록 처음에는 개의 등 뒤까지만 돌리고, 다음에는 천천히 개의 머리와 등 뒤를 지나 바닥까지 돌린다. 개가 절대 줄에 맞게 해서는 안 된다.

STEP 6 〉 최고의 줄넘기 선수

위의 기초 연습들을 모두 성공하면 이제 가장 힘든 단계로 앞에서 했던 것들을 동시에 해야 한다. 지시가 떨어지면 개와 사람이 함께 높이 뛰고, 줄은 바람을 가르는 소리와 함께 머리를 지나 개와 사람의 발밑을 지난다. 성공하면 바로 클리커를 누른 뒤 간식이나 개가 제일 좋아하는 장난감을 주고 훈련을 마친다. 줄넘기는 난이도가 높아서 무리하면 안 된다.

꽃에 물주기

정원 가꾸기를 좋아하는 사람이라면 모두 주목!
진정한 트릭도그 트레이너라면 정원을 화려하게 수놓을 연기도 역시 알고 있을 것이다.
꽃에 물주기도 그 중 하나이다. 조금만 훈련하면 얼마 지나지 않아
개가 열정적으로 정원일을 하게 되며, 그 모습은 웬만한 정원사보다 훨씬 멋있다.

STEP 1 } 물뿌리개와 타깃 준비

이번 연기는 개가 물뿌리개를 들고 특정 지점까지 가서 계속 물뿌리개를 들고 있어야 한다. 여기서의 중요한 전제 조건은 개가 바닥에 타깃이 있는 곳까지 가야 한다는 것이다.

STEP 2 } 손잡이 물고 있기

처음에는 개가 물뿌리개 손잡이를 물고 있는 것부터 배운다. 이것은 난이도가 높기 때문에 차근차근 아주 조금씩 단계를 밟아나가야 하는데, 우선 개가 코로 물뿌리개를 건드리기만 해도 보상한다. 다음에는 개가 물뿌리개를 잠깐만 들고 있어도 보상하고, 이렇게 개가 물뿌리개를 들고 있는 시간을 점차 늘려나간다.

STEP 3 스스로 물뿌리개 들기

다음 목표는 개가 자발적으로 물뿌리개를 들어서 물고 있는 것이다. 그러기 위해서는 트레이너가 개 앞에 물뿌리개를 놓고 들어 올리라고 지시한 다음 성공하면 바로 보상한다. 나중에는 개가 스스로 물뿌리개를 들어서 트레이너가 내려놓으라고 지시할 때까지 물고 있어야 한다. 꼭 물고 있으라고 추가로 지시하는 것도 효과적이다.(p.18~19 참고)

STEP 4 화분을 향해 출발!

개가 물뿌리개를 들고 바닥의 타깃을 향해 가는 것을 배워야 한다. 이때 화분을 사용하는데, 트레이너가 화분을 바닥에 놓인 타깃 위에 올려놓는다. 처음에는 물뿌리개를 개 가까이에 놓는다. 이제 트레이너는 개에게 물뿌리개를 들라고 지시하고 개와 함께 화분이 있는 곳으로 간다.

STEP 5 네발 달린 정원사

위의 훈련의 성공 횟수가 늘어나면 트레이너가 화분까지 함께 가는 것을 줄이고, 개를 타깃까지 혼자 보내 서 있게 해야 한다. 지시를 듣고 개가 물뿌리개를 들어 화분으로 가져가고, 내려놓으라고 지시할 때까지 물뿌리개를 들고 있으면 성공이다. 추가 훈련으로 개가 물뿌리개를 들고 머리를 숙이는 것을 배우면, 마치 개가 꽃에 물을 주는 것처럼 보인다.

> **함께 움직이기**
>
> 처음 훈련할 때는 트레이너가 타깃이 있는 곳까지 함께 왔다갔다 하면 개가 물뿌리개를 들고 있기가 훨씬 쉽다.

꽃에 물주기

박스에 병 정리하기

개가 「가져오기」를 좋아하고 어려운 연기를 즐긴다면 병을 이용한 연기가 안성맞춤이다. 트레이너 베레니케 샤크가 자신의 반려견 새미에게 난이도 높은 예술적 연기를 어떻게 가르치는지 사진이 순서대로 잘 보여준다.

STEP 1 개가 「가져오기」를 좋아하는 경우

믹스견인 새미는 「가져오기」를 좋아한다. 물고 와야 하는 것이 장난감이든 플라스틱 병이든 상관없다. 하지만 개가 장난감이나 플라스틱 병을 가져오기 전에 먼저 그것을 입에 물고 있는 것을 배워야 한다.(p.18~19 참고)

STEP 2 병과 친해지기

처음에는 트레이너가 개 앞쪽에서 병을 들고 있다가 개가 다가오면 칭찬한다. 다음에는 개가 코로 병을 건드리면 바로 간식을 준다. 이 과정은 타깃스틱(Target-stick)을 이용해서 연습하는 것이 보다 효과적이다.

STEP 3 } 박스 속에 비스듬히 병 세우기

이제 병을 박스 속 정해진 칸에 옮겨 넣는 단계이다. 이때 상자 속 칸막이를 더 높게 개조하면 좋다. 그럼 이제 어떻게 개에게 상자 속에 병을 갖다 넣는 것을 가르쳐야 하나? 당연히 저절로 이해한다는 건 불가능하다. 먼저 개에게 병을 물고 있는 것을 가르친 다음, 트레이너가 병을 박스 속에 비스듬히 세워놓고 개가 병을 코로 건드리면 바로 간식을 준다.

STEP 4 } 중간 단계

대부분의 개는 위와 같이 병을 건드려야 한다는 것을 이해시키기 위해 중간 단계가 필요하다. 일단 병을 상자 옆 바닥에 놓고, 개가 병을 건드릴 때마다 보상한다. 이것이 제대로 이루어지면 병을 상자 칸막이 안에 비스듬히 세워놓고 개가 건드리게 하는 다음 단계로 넘어간다.

STEP 5 } 상자 속으로 골인!

「쿵!」하고 병이 상자 속으로 들어가는 소리는 개와 트레이너에게 성공의 기쁨을 안겨준다. 하지만 많은 개들이 놀라서 불안해할 수도 있는 것이 바로 이 시점이다. 개가 놀랐다면 이 훈련이 긍정적인 기억으로 바뀔 때까지 이 단계를 반복해서 연습한다.

쓰레기 분리수거

정리정돈은 필수이다. 잭 러셀 테리어인 알리나의 생각은 그렇다.
알리나는 바닥에 널려 있는 종이뭉치들을 주워서 쓰레기통 속에 넣는다.
모든 것을 깨끗하게 정돈한 뒤 뚜껑을 닫는 것도 잊지 않는다.
정돈되지 않은 사무실을 깔끔하게 정리해줄 기적의 연기라고 할 수 있다.

STEP 1 } 개에게 필요한 기본기

이 연기를 하기 위해서는 개가 「가져오기」, 「청소하기」, 「물건 물고 있기」를 할 수 있어야 한다.(p.21~23 참고) 개가 이 모든 것을 매끄럽게 할 수 있고, 트레이너가 충분한 양의 종이와 작은 쓰레기통을 준비한다면 개에게 '환경미화원'이 되기 위한 훈련을 시키는 데는 아무 문제가 없다.

STEP 2 } 뚜껑 밑에 간식 숨기기

첫 번째로 트레이너는 쓰레기통 뚜껑을 바닥에 놓고 그 밑에 간식을 숨겨놓는다. 따라서 뚜껑이 분리되는 쓰레기통을 준비해야 한다. 나

중에 개는 지금 배운 것을 활용하여 쓰레기통 위에 덮인 뚜껑을 열게 된다. 개는 아마 그 속에 간식이 숨겨져 있다고 생각할 것이다.

STEP 3 } 쓰레기 가져오기

이제 쓰레기를 가져올 차례이다. 트레이너는 종이뭉치를 최대한 많이 만들어서 쓰레기통 뒤로 간다. 그리고 종이뭉치를 운반하게 하기 위해서는 개를 쓰레기통 앞으로 오게 하는 것이 중요하므로, 트레이너는 종이뭉치를 던진 뒤 정확히 쓰레기통 입구 위에 손을 들고 있는다. 개는 쓰레기를 트레이너의 손까지만 가져가면 된다. 이때도 쓰레기통 뚜껑은 분리해둔다. 이 단계를 계속 성공하면 개가 쓰레기통 속에 종이를 넣을 때까지 트레이너는 자신의 손을 쓰레기통에서 차츰차츰 멀리 떨어뜨린다. 이것도 성공하면 다음에는 뚜껑을 덮은 상태로 연습한다.

STEP 4 } 환경미화원 개를 위한 잭팟 보상

뚜껑 덮기가 이 어려운 연기의 마지막을 멋지게 장식한다. 개가 물건 물기 연습을 충분히 하였다면 이 단계는 결코 어렵지 않을 것이다. 처음에는 지시를 한 후 작은 성과만 나타나도 보상한다. 대부분의 개는 밀어서 여닫는 뚜껑을 어떻게 닫아야 하는지 금방 안다. 특히 완성도 높은 연기를 하면 잭팟 같은 큰 보상을 해준다.

TIP
훈련 받은 개가 유리하다
개가 지능이 요구되는 장난감 다루는 방법을 이미 배운 상태라면 쓰레기통 뚜껑을 열 때도 크게 도움이 된다.

쓰레기 분리수거 **89**

전화하기

대부분의 사람들이 휴대폰 없이 살 수 없는 시대이므로 어찌 보면 개가 능숙하게 전화 통화를 하는 것이 당연해 보일지도 모르겠다. 개가 여유 만만한 모습으로 수화기를 들어 통화하고, 심지어 전화번호도 누른다.

STEP 1 } 수화기 꼭 물고 있기

첫 번째로 개에게 수화기를 물고 있도록 가르친다. 미리 장난감 같은 물건으로 충분히 연습해도 좋다. 우선 입으로 쉽게 물 수 있는 물건부터 시작하여 좀 더 단단한 소재로 바꿔서 연습한다. 많은 개들이 입에 단단한 물건을 물고 있는 것을 불편해하는데, 연습을 통해 점차 적응해나가면 금방 잘 해낸다.

STEP 2 } 지시어 사용

이 훈련에서는 클리커가 특히 유용하다. 처음에는 개가 몇 초라도 수화기를 입에 물고 있으면 트레이너가 바로 클리커를 누르고 보상하고, 점차 그 시간을 늘려나간다. 이 단계에서 「물어」 또는 계속 사용할 다른 지시어를 사용한다.

STEP 3 } 정교한 움직임 가르치기

전화 통화는 수화기를 들고 있는 것이 전부가 아니므로 개에게 숫자 버튼 위에 앞발을 올려놓는 것도 가르쳐야 한다. 실제로 전화번호를 누르는 것은 아니지만, 적어도 그렇게 보이도록 연기한다. 트레이너는 개에게 앞발을 특정 물건 위에 올려놓는 것을 미리 연습시킨다. 이때 단계적으로 다른 타깃을 이용하면 성공하기 쉽다.(p.16 참고) 즉, 처음에는 바닥에 평평한 물건을 놓고 연습하고, 다음에는 서서히 각진 물건을 이용하며, 시간이 좀 더 지나면서 점차 더 작은 물건으로 연습한다. 이 연기는 동작이 정교해야 한다.

STEP 4 } 전화번호 누르기

마지막으로 트레이너는 발을 댈 지점을 가리키는 스텝타깃을 숫자 버튼 위에 놓는다. 잘 훈련된 개는 곧바로 자기 앞발을 그 위에 올려놓을 것이다. 그러면 보상을 하고 안정적으로 할 수 있을 때까지 여러 번 반복해서 연습한다. 이때 「터치」와 같은 지시어를 사용한다.

STEP 5 } 자연스럽게 전화하기

이제 두 과정을 합쳐서 개가 수화기를 물고 숫자 버튼에 앞발을 올려놓게 해야 한다. 먼저 「물어」라고 지시하여 수화기를 입에 물게 하고, 다음에는 「터치」를 지시하여 앞발을 전화기 버튼에 올려놓게 한다. 처음에는 아주 짧게 이 자세를 유지하게 하고, 점차 시간을 늘려나간다.

물구나무서기

개가 물구나무를 선다? 물론 가능하다. 그러나 이 연기를 하기 위해서는 먼저 좋은 체력과 최고의 건강 상태가 전제 조건이다. 아무 보조 수단 없이 혼자 「물구나무서기」를 할 필요는 없다. 개가 뒷발을 벽에 대고 할 수도 있다.

STEP 1 } 뒷걸음질

개에게 뒷걸음질을 하다가 서 있도록 지시해야 하므로, 「물구나무서기」를 배우기 전에 먼저 뒷걸음질을 할 줄 알아야 한다. 어질리티 스포츠에서 사용하는 A프레임(A-Frame, A자 모양의 어질리티 장애물)이 이 훈련을 하기에 이상적인데, 필요할 경우에는 쉽게 직접 설치하여 훈련한다. 그 밖에 계단이나 벽, 나무 밑동, 집에서 쓰던 소파 등도 훈련에 적합하다.

STEP 2 } 경사면에 뒷발 올려놓기

처음에는 트레이너가 훈련용 벽을 최대한 바닥과 가깝게 낮춰서 완만하게 만든다. 그리고 개는 트레이너와 벽 사이에 트레이너와 마주 보게 한다. 다음에는 트레이너가 개를 벽에 다다를 때까지 뒷걸음질하도록 유도한 후, 뒷발을 벽 위에 올려놓으면 바로 보상한다. 개가 뒷걸음질을 해서 자연스럽게 벽에 뒷발을 올려놓을 때까지 여러 번 반복한다.

STEP 3 〉 벽 위로 올라가기

이제 훈련용 A프레임의 경사를 조금 세워 개가 뒷걸음질로 올라가게 해야 한다. 난이도를 갑자기 높이지 말고 단계적으로 높여야 한다. 개가 거부하면 자신감이 생길 때까지 벽의 경사를 낮춰서 연습한다.

STEP 4 〉 지시어 가르치기

개가 뒷걸음질하면서 뒷발을 비탈진 경사면에 올리게 되면 트레이너는 「그만」이란 지시어를 가르친다. 개가 뒷발을 벽에 올려놓는 순간 정확히 맞춰서 지시해야 한다.

STEP 5 〉 도움 없이 물구나무서기

이제 다른 보조 수단 없이 물구나무를 서야 한다. 그러려면 개가 뒷발을 벽에 대지 않고 허공에 떠 있을 때마다 정확히 클리커를 눌러야 한다. 개가 뒷발을 트레이너 손 위에 올려놓도록 가르치는 방법도 있다. 이 방법은 보조 수단 없이 「물구나무서기」를 할 때 아주 효과적이다.

> **물구나무서기 훈련**
> 시간을 충분히 갖고 개를 훈련시킨다. 개의 자세와 근육이 단련될 때까지는 시간이 많이 걸린다.

서랍 속에 들어가기

이 연기에 대한 사람들의 반응은 폭발적이다.
오랜 시간 연기견을 훈련시키면서 멋진 연기들을 아주 많이 봐온 트레이너들도 마찬가지이다.
개가 서랍을 열고 들어가 그 안에서 다시 서랍을 닫는 모습은 정말 놀라울 뿐이다.

STEP 1 } 옷장 or 신발장 or 강아지옷장?

개가 서랍장에 들어가는 연기를 배우기 위해 필요한 전제 조건은 그리 많지 않다. 하지만 소품을 잘 활용하려면 준비할 때 몇 가지 노하우가 필요하다. 우선 운반하기 쉬운 크기의 서랍이 달린 가구가 필요한데, 개가 그 안에 들어갈 수 있을 만큼 공간이 충분해야 한다. 서랍은 뻑뻑한 것보다 부드럽게 잘 열리는 것이 좋다.

STEP 2 } 서랍장 구조 변경

이제 서랍장을 연기에 맞게 개조해서 준비해야 한다. 일단, 서랍 손잡이에 개가 연습하면서 잡아당길 장난감을 매단다. 처음 연습할 때는 개가 뒤쪽을 볼 수 있게 시야가 확보되어야 하므로 서랍장 뒷면을 제거한다. 이것은 나중에 다시 붙여야 하므로 잘 보관한다. 서랍장 내부는 다음과 같이 개조한다. 먼저 서랍 안을 가로지르는 얇은 끈을 양 옆면에 고정시킨다. 개가 나중에 안에서 서랍을 닫을 때 이 끈을 이용해서 잡아당겨야 한다. 또한, 서랍 바닥에는 미끄러지지 않는 깔판을 깔아서 개가 안정적으로 서 있게 한다.

STEP 3 } 열려라, 참깨!

이제 본격적인 연습 단계이다. 서랍장 연기에서는 물건들을 여러 번 잡아당겨야 하기 때문에 개가 「잡아당겨」라는 지시어를 알고 있어야 한다. 처음에는 난이도를 낮춰 손잡이에 매달린 장난감을 잡아당기게 하고, 나중에는 직접 손잡이를 잡아당기게 한다.

STEP 4 } 단숨에 들어가기

개가 서랍장을 능숙하게 열면 그 안으로 들어가는 것을 가르칠 때는 간식을 이용하면 쉽다. 서랍장 안의 미끄럼 방지용 깔판은 개가 점프할 때 미끄러져서 놀라지 않게 해주는 도구이다.

STEP 5 } 뒤를 보며 서랍 닫기

지금까지는 트레이너가 서랍장 옆에 서 있었는데, 이제는 뚫려 있는 서랍 뒤쪽에 서서 간식을 흔들어 개가 뒤를 보도록 유인한다. 이때 개에게 서랍장 속 끈을 잡아당기라고 지시한다. 개가 지시에 따라 끈을 당기면 개가 앉아 있는 서랍장이 뒤로 움직여 닫히게 된다. 처음에는 조금만 움직여도 보상하고, 나중에는 제대로 닫혔을 때만 칭찬한다.

STEP 6 } 서랍장 뒷면 막기

개가 자신이 앉아 있는 서랍을 능숙하게 닫게 되면 서랍장 뒷면을 조금씩 막아나간다. 마지막에는 개가 보상을 받을 수 있을 정도의 아주 작은 틈만 남기고 막는다.

줄타기

상당수의 개들이 줄 위에 발을 내딛는 것을 불안해한다. 또 어떤 개들은 익숙하지 않아 자신 없어 한다. 그러나 다음과 같은 연습으로 모두 개선될 수 있는데, 그렇게 되기까지 힘들고 긴 시간이 필요하다. 다음 사진은 트레이너 시시 귄터와 반려견 스컬리가 훈련을 어떻게 하는지 보여준다.

STEP 1 } 줄타기의 첫발 내딛기

이 연기의 기본 전제 조건은 개가 「차렷」을 할 수 있고, 좁은 물건 위를 걸어갈 수 있어야 한다는 것이다. 그 다음이 시간을 들여 장애물과 친해지는 것이다. 그런 다음 트레이너는 개를 단상 위로 불러 올려 밧줄 위 첫 단계 훈련을 시작한다. 트레이너는 간식으로 개를 유인하여 앞발로 밧줄을 건드리는 순간 클리커를 누르고, 개를 단상 위로 돌아가게 한다.

STEP 2 } 밧줄에 네발 모두 올리기

사진 속의 스컬리는 의욕적이라 네발로 밧줄을 건너가는 방법을 금방 익혔다. 그러기 위해 트레이너는 간식으로 점점 더 먼 곳까지 유인하면서 연습을 되풀이하였다. 이런 방법으로 뒷발 모두 밧줄 위로 올라갈 때까지 계속 연습한다.

STEP 3 } 안정된 자세로 「차렷」

개가 밧줄 위에 네발을 모두 올리면 다음 단계를 연습해야 한다. 트레이너가 개를 단상 위로 불러 올려 밧줄 위에 네발 모두 올라가면 「차렷」을 지시하고, 성공하면 간식으로 보상한다.

STEP 4 } 바닥에서 밧줄로 바로 올라가기

개가 앞발로 밧줄 위에 올라가는 아주 어려운 단계이다. 트레이너는 「올라가」를 지시한 후 한쪽 앞발을 줄 위에 올리고 다른 쪽도 올리면 클리커를 누른다.

STEP 5 } 반복 연습

트레이너가 클리커를 이용해 앞발 모두를 올려놓게 하였으면 이제 개가 모든 것을 안정적으로 해낼 때까지 이 과정을 반복한다. 다음 단계는 좀 더 난이도가 높아진다.

STEP 6 } 세 번째 발 올려놓기

이제 개가 세 번째 발도 밧줄에 올려놓아야 한다. 이때 밧줄이 심하게 흔들리므로 처음에는 개에게 몸을 붙잡아 고정시키는 보호 장비를 입혀서 연습해도 좋다. 그러면 쉽게 안정될 것이다. 개가 세 번째 발까지 줄 위에 올리면 트레이너가 클리커를 누르고 간식을 준다.

STEP 7 } 이제 아주 어려운 단계

대단한 성취이다! 이번에는 네 번째 발까지 줄 위에 올리고 균형을 잡아야 한다. 처음에는 흔들흔들 불안해 보여도 연습을 많이 하면 균형을 잘 잡게 된다.

STEP 8 } 줄 위에서의 「차렷」

마지막으로 이제 개가 줄 위에서 「차렷」 자세를 해야 한다. 미리 연습을 많이 해서 안정적으로 할 수 있기 때문에 개는 자신감이 충만한 상태이다. 개가 「차렷」 자세에서 한쪽 앞발을 조금만 올려도 바로 클리커를 누르고 간식을 준다.

tip

「줄타기」 소품을 만드는 방법

단상과 밧줄, 금속막대 등으로 이루어진 「줄타기」에 필요한 소품 만드는 방법을 소개한다. 공구점에서 삼각스탠드 2개를 구입하고, 삼각스탠드를 연결하고 밧줄을 지탱해줄 금속막대와 밧줄 등의 나머지 자재도 준비한다. 받침대 역할을 할 금속막대와 삼각스탠드를 용접하고, 개의 무게를 지탱할 수 있도록 밧줄 아래에 밧줄을 따라 금속막대 2개를 평행이 되게 놓고 이 부분도 용접한다. 마지막으로 미끄럼 방지 소재를 깐 사각형 나무판을 삼각스탠드 위에 나사로 고정하여 단상을 만든다. 받침대의 높이는 개의 키에 비례하는데 밧줄은 개의 배 높이에 오는 것이 이상적이고, 받침대가 안정적으로 흔들리지 않아야 한다. 대형견인 경우에는 밧줄 2개를 합쳐서 고정한 다음 연결한다.

꽃 들고 있기

생일날 개가 현관문 앞에 앉아 꽃을 들고 축하해준다면 아이들은 모두 기뻐할 것이다. 이것은 결코 꿈이 아니다. 경험이 많은 트릭도그 트레이너의 조언에 따라 배운다면 아주 쉽게 할 수 있다. 고대 독일의 양치기견이었던 사진 속 에이미가 그 방법을 보여주고 있다.

STEP 1 「앉기」와 「터치」

이 연기를 하기 위해서는 아름다운 해바라기 조화 외에도 2가지가 전제되어야 한다. 개가 지시에 따라 「앉아」를 할 수 있고, 앞발로 타깃스틱(Target-stick)을 건드리는 「터치」를 할 줄 알아야 한다. (p.16 참고) 개가 트레이너 앞에 앉아 앞발로 타깃스틱을 건드리도록 연습한다. 그 다음 트레이너가 점차 타깃스틱의 위치를 바꾸어 개가 앞발을 접어 스틱을 몸 사이에 세우고 있게 한다.

STEP 2 막대와 친해지기

이제는 타깃스틱 대신 다른 막대를 사용한다. 트레이너가 「터치」를 지시하여 개가 앞발로 막대를 건드리면 바로 보상한다. 그러나 개가 막대를 건드리기를 거부하면 타깃스틱을 가져와 막대 옆에 두고 연습하다가 점차 타깃스틱을 없앤다.

STEP 3 앞발로 막대 쥐기

트레이너가 막대를 점차 개의 몸 가까이에 갖다 대는데, 가슴을 지나 목 옆에 기댈 수 있게 하는 것이 가장 좋다. 그리고 「터치」를 지시한다. 처음에는 트레이너가 막대를 손으로 단단히 고정하여 막대가 갑자기 쓰러져서 개가 놀라는 일이 없도록 주의한다.

STEP 4 　막대 꼭 쥐고 있기

트레이너는 개가 원하는 대로 막대를 「터치」하면 막대를 들고 있는 시간을 조금씩 늘려나간다. 개가 혼자서도 막대를 꼭 쥐고 자세를 계속 유지할 때까지 반복해서 연습한다.

STEP 5 　꽃으로 연습

이제 막대 대신 더 아름답고 낭만적인 소품으로 연습한다. 공연할 때 우산이나 해바라기꽃 등을 이용하면 볼거리가 더 풍성해진다.

낚시하기

장애물 위로 뛰어오르고, 한정된 공간에서 작업하며, 입과 앞발을 적절히 사용하는 것……. 이번에 배울 연기는 이 모든 것을 포함하고 있다. 그렇다고 파슨 러셀 테리어인 시라노가 겁을 내지는 않는다. 불꽃 같은 열정으로 힘든 과제에 당당히 도전한다.

STEP 1 낚시, 미끼 그리고 그 밖의 재료

이 연기에는 다음과 같은 물건들이 필요하다. 안정적인 테이블, 미끼 달린 밧줄, 클리커, 그리고 간식. 처음에는 개를 낮은 물건 위에 올라 앉게 했다가, 개가 익숙해지면 좀 더 높은 테이블로 바꿔서 훈련한다. 사진에서는 개가 테이블 위에 안정된 자세로 서서 트레이너가 줄을 준비하는 과정을 지켜보고 있다. 짧은 밧줄 끝에 장난감을 매다는데, 개가 꼭 잡고 싶어 하는 미끼를 이용해야 효과적이다.

STEP 2 줄을 잡아당겨 올리기

트레이너가 손짓으로 개의 관심을 바닥에 있는 장난감으로 돌린다. 개는 이미 줄을 입에 꼭 물고 있는 훈련을 해서 알고 있어야 한다. 밧줄 끝에 달린 장난감을 얻으려면 개는 몇 번이고 앞발을 내밀어 끈을 잡아당겨야 한다. 즉, 앞발을 이용해야 풀 수 있는 과제이다. 그렇다면 앞발만으로 충분할까?

STEP 3 앞발과 함께 입도 사용

그렇지 않다. 앞발만으로는 부족하고, 장난감을 위로 끌어올

리려면 양쪽 앞발과 함께 입도 사용해서 줄을 당겨야 한다. 즉, 개가 입으로 줄을 잡아당겨 올리는 동시에 앞발로 줄을 잡고, 입으로 좀 더 잡아당긴 다음 다시 다른 쪽 앞발로 줄을 잡는 과정을 반복해야 한다. 처음에 시라노는 줄을 문 채 뒤로 갔다. 그래서 뒤로 가는 것을 막기 위해 트레이너가 시라노를 창문 턱 위에 올려놓았고, 드디어 성공했다! 훈련에 클리커를 이용하기도 하는데, 먼저 개가 테이블 위에서 기다리는 것부터 가르친다. 성공하면 클리커를 누르고 간식을 준다. 다음에는 개가 입에 끈을 물면 바로 클리커를 누르고 보상하고, 나중에는 개가 앞발을 사용할 때만 클리커를 누른다.

STEP 4 } 한번에 성공하기는 어렵다

앞발을 교대로 사용하다보면 계속해서 줄이 미끄러져 내려가 장난감이 허공에서 흔들릴 것이다. 이 훈련은 장난감이 흔들리지 않게 줄을 끌어올리는 것이 핵심이다. 트레이너는 개가 안정을 되찾고 집중할 수 있게 연습을 중단시키고, 지시를 내려서 전 과정을 처음부터 다시 시작한다.

STEP 5 } 테이블에 미끄럼 방지용 깔개 깔기

테이블 표면이 미끄러워도 불편해하지 않는 개가 있지만 불편해하는 개도 있다. 그렇다면 미끄러지지 않게 테이블 위에 감촉이 좋은 미끄럼 방지용 깔개를 깐다.

STEP 6 } 조금씩 차분하게 마무리

이제 거의 목표에 도달하여 붙잡을 수 있을 정도로 장난감이 가까워졌을 때 섣불리 잡아채서 바닥에 떨어뜨리지 않게 차분해지도록 연습한다. 마지막 얼마 안 남았을 때 차근차근 해야 성공할 수 있다.

거인이 된 난쟁이

트레이너가 「변신!」 하면 고대 독일의 양치기견인 에이미의 몸이 아주 커진다.
개가 뒷발로 서는데, 땅 위가 아니라 누워 있는 트레이너의 발 위에 선다.

STEP 1 } 매트리스와 디딤용 의자 준비

트레이너는 개가 떨어질 경우를 대비하여 부상을 막기 위해 매트리스를 깐다. 이 단계에서는 훈련할 때 의자를 이용하면 개가 트레이너의 발 위에 올라가기 쉽다. 물론 그 전에 이미 개가 지시를 듣고 물건 위로 뛰어 올라가는 것을 배운 상태여야 한다.

STEP 2 } 큰 발이 유리하다

트레이너가 매트리스 위에 누울 때 개는 의자 위에 앉아 있는다. 나중에 개가 트레이너의 발 위에 올라갈 수 있도록 의자는 가까운 곳에 두어야 한다. 이때 트레이너의 발이 커야 올라가기 쉽다.

STEP 3 } 발 위에 발 올리기

이제 보조자가 필요하다. 트레이너가 매트리스에 등을 대고 누워 있으면 보조자가 간식으로 개를 유인한다. 트레이너는 손으로 다리 끝쪽을 잡아주어 안정적인 자세를 만든다. 보조자는 정확한 타이밍에 간식을 주어야 한다. 즉, 개가 트레이너의 발 위에 한쪽 발을 올려놓았을 때 준다.

STEP 4 } 처음 발을 올리면 보상한다

개가 의자에 앉은 자세에서 일어나서 발 하나를 트레이너의

신발 위에 올려놓으면 보조자가 간식으로 개를 격려한다. 이 단계는 매우 중요하므로 여러 번 반복해서 연습한다.

STEP 5 } 트레이너 발 위에 세 발 올리기

보조자가 개의 다리를 잡고 개가 앞쪽으로 자리를 옮기도록 유인하여 세 발을 트레이너의 신발 위에 올려놓게 한다. 성공하면 간식을 준다. 이때 개의 의지와는 달리 발을 꽉 쥐고 억지로 시켜서는 안 된다.

STEP 6 } 네발로 서기

이제 개가 네발 모두를 트레이너 발 위에 올려놓고 선다. 이제까지 잘 해왔는데 이 단계에서 무리하는 것은 금물이다. 개가 네발로 트레이너 발 위에 서면 보조자가 바로 내려놓는다.

STEP 7 } 균형 잡기

이제 개가 사람 발 위에 안정적으로 서 있는 연습을 한다. 이것만으로도 큰 볼거리인데 이제부터가 중요하다. 보조자는 옆에서 주의 깊게 보고 있다가 개가 균형을 잃으면 바로 잡아준다.

STEP 8 } 「차렷」 자세

위의 상태에서 트레이너는 「앉아」를 지시하고 간식으로 「차렷」 자세를 유도한다. 개는 보조자의 팔에 앞발 하나를 올리고 균형잡는다.

STEP 9 } 거인으로 변신!

지금까지는 개가 의자에서 트레이너 발 위로 올라가 「차렷」 자세를 취했는데, 이제는 마무리 단계로 의자를 치우고 개가 바닥에서 바로 트레이너 발 위로 뛰어 올라가게 해야 한다. 트레이너는 개가 발바닥을 볼 수 있도록 처음에는 발을 비스듬히 세운다.

우체통 속 우편물

우편배달부는 개들이 아주 좋아하는 인기 테마이다.
하지만 이 연기를 처음 보는 사람은 아주 색다르게 보일 것이다.
개가 직접 우편배달부 연기를 하거나 소포로 변신하면 최고의 호응은 보장되어 있다.

STEP 1 } 우체통으로 후진

개가 뒤로 기어가서 작은 우체통 입구와 정확히 만나기란 쉽지 않다. 그럼에도 불구하고 사진 속 알리나는 트레이너가 우체통 앞 조금 떨어진 곳에 내려놓으면 용감하게 뒤로 기어간다.

STEP 2 } 앞으로 그리고 뒤로 기기

트레이너는 간식으로 개를 조종한다. 그 전에 둘이 우체통 없이 앞으로 기어가는 연습을 하여 정확도를 높이는 것이 중요하다. 앞으로 기어가게 하는 방법은 먼저 개를 앉히고, 코앞에서 바닥을 따라 간식을 앞쪽으로 움직여서 유인한다. 뒤로 가는 것은 이와 반대인데, 마찬가지로 개를 앉힌 다음 코앞에서 간식을 보여주고 뒤쪽으로 유인한다.

STEP 3 } 우체통 안에서 내다보기

성공이다. 개가 몸 전체를 우체통 안에 숨기고 아무렇지도 않은 표정으로 고개를 치켜든다. 대부분의 개들은 비좁은 통 안에 들어가는 것을 불안해하므로 조금씩 천천히 적응시켜야 한다. 처음에는 안이 넓은 통으로 연습하고, 점차 작은 통을 이용한다.

STEP 4 } 깃발 세우기

개가 지시에 따라 우체통 밖으로 나와 마지막 세밀한 부분을 연출해야 한다. 즉, 붉은색 작은 깃발을 위로 밀어올려서 우체통이 찼다는 표시를 해야 한다. 그러기 위해 우체통을 잡고 깃발을 주둥이로 민다.

STEP 5 } 터치 연습

깃발이 올라오면 트레이너는 훈련이 멋지게 성공한 것을 알고 기뻐한다. 개가 깃발을 위로 밀어올리려면 타깃으로 미리 「터치」 연습을 해야 한다.

STEP 6 } 옆에서 다시 한 번

우체통을 옆에서 바라보는 상태에서 위의 모든 단계를 다시 연습한다. 개는 우체통 앞쪽 조금 떨어진 곳에 있고, 트레이너가 뒤로 기어가라는 지시를 하기 전에는 움직이면 안 된다.

STEP 7 } 우체통과의 충돌

이제 출발! 개는 엉덩이를 들어 올리고 앞다리를 바닥에 댄 채 뒤로 기어간다. 개가 트레이너의 신호에 따라 움직여도 우체통과 부딪치는 경우가 있는데, 이때는 당황하지 않고 침착하게 경로를 수정해야 한다.

STEP 8 } 충돌했을 경우

뒤로 기어가다가 엉덩이가 우체통 안으로 들어가야 하는데, 필요하면 우체통을 밀어줘도 괜찮다. 어떤 사물에 부딪혔을 때 어떤 개는 당차게 반응하기도 하지만 모든 개들이 침착한 것은 아니다. 예민한 개라면 조급해하지 말고 훈련을 천천히 진행한다.

오래된 모자

단돈 몇 푼이라도 돈은 누구에게나 소중하다.
이 연기는 집안의 재정 상황을 개선해 주는 더없이 멋진 방법이다.
개에게 오래된 멋쟁이 모자를 입에 물려 사람들에게 보내기만 하면 재미있는 진풍경을 연출할 것이다.

STEP 1 } 챙이 있는 오래된 모자

먼저 개가 모자를 입에 무는 것을 배워야 한다. 이때 챙이 있는 천 소재의 낡은 모자를 사용하는 것이 가장 좋다. 단단한 소재의 모자는 금방 망가지기 쉬우며, 개가 물고 다니기도 불편하다.

STEP 2 } 안쪽이 위로 나오게

개가 이 과제를 이해하여 모자의 가장자리를 입에 물면 개가 제대로 했다는 것을 알려주고 격려하기 위해 클리커나 말로 칭찬하거나 간식을 준다. 개는 모자를 안쪽이 위를 향하게 물어야 하며, 제대로 했을 때 클리커를 누른다. 이것을 여러 번 반복해서 연습하고, 개가 모자를 안쪽이 아래로 가게 물면 다시 한다.

STEP 3 } 머리에 모자 쓰기

이제 보조자가 머리에 모자를 쓰고, 트레이너가 개에게 모자의 챙을 입에 물라고 시킨다. 많은 개들이 모자챙을 물면 보상이 있다는 것을 알기까지 시간이 더 많이 걸릴 수도 있다. 잘 하지 못하면 전 단계로 돌아가서 과정을 좀 더 세분화하여 반복해서 연습한다.

STEP 4 } 모자 벗기기

개가 앞 단계에서 모자챙을 입에 물 때는 모자를 벗기는 것까지 포함되어 있지 않았다. 그러나 이제 보조자는 개의 주의가 분산되지 않도록 모자를 벗길 때까지 움직이지 않고 기다려야 한다.

STEP 5 } 멀리에서 지시하려면

처음에는 트레이너가 개 바로 옆에 앉아서 지시한다. 다음에는 트레이너가 더 멀리 떨어져 있을 때를 대비하여 정확하게 연기하는 것을 배운다. 이 단계에서는 보조자를 바꾸지 말고 친숙한 사람과 계속 함께 연습하는 것이 좋다.

STEP 6 } 모자 가져오기

트레이너가 지시어 「가져와」를 가르치는데, 「가져와」라고 하자마자 개가 보조자의 머리에서 모자를 벗겨 트레이너에게 가져가야 한다. 처음에는 트레이너가 보조자와 조금 떨어져 있다가 점차 거리를 벌린다.

STEP 7 } 작은 개라면 모자도 작게

이제 개가 과제를 제대로 이해하여 모자를 트레이너에게 가져갈 수 있는데, 여기서 주의할 점이 모자 크기가 개에게 적당해야 한다는 것이다. 모자가 너무 크면 개가 연기하는 데 방해가 될 수 있다.
"한 푼만 주세요, 네-"

봄, 여름, 가을, 겨울 과일을 맛있게 사랑하는 114가지의 방법
Nakagawa Tama 지음 | 152×210 | 176쪽 | 14,000원
과일로 다채로운 요리를 만들어 행복한 식탁에 올려보자.

프랑스 요리의 응용 기법 소스의 새로운 활용과 연출
현대프랑스요리연구회 엮음 | 210×290 | 144쪽 | 20,000원
식감, 모양 등에 초점을 맞춰서「소스 만들기」의 의도를 설명하는 책.

플레이팅 디저트
Matsushita Yusuke 지음 | 190×257 | 248쪽 | 20,000원
맛있게 만들어 조화롭게 디자인하는 26종류의 플레이팅 디저트 레시피.

프로가 되기 위한 빵교과서 자연발효종
Makoto Hotta 지음 | 190×257 | 144쪽 | 17,000원
빵 만들기의 프로가 될 수 있도록, 알기 쉽게「발효」를 설명한다.

THE 상남자 BBQ 레시피 77
OKANO EISUKE 지음 | 148×210 | 128쪽 | 14,000원
솔캠은 물론 여럿이 함께해도 좋은, 간단하고 맛있는 BBQ 레시피.

내 몸이 빛나는 순간, 마이 키토채식 레시피
글 차현주 | 요리 김태형 | 사진 장진모 | 190×257 | 224쪽 | 19,000원
건강하고 아름다운 다이어트를 위한 키토제닉 레시피를 소개.

요리가 빛나는 순간 마이 테이블 레시피
박수지 지음 | 189×254 | 368쪽 | 17,000원
저자가 좋아하는 식재료 7개를 선정하여 다양한 레시피를 소개.

언제나, 나의 집밥 인기베스트 104
Harumi Kurihara 지음 | 210×257 | 120쪽 | 13,000원
일본의 유명 요리연구가 구리하라 하루미의 인기메뉴를 소개한 레시피북!

칼, 나이프 Knife
Tim Hayward 지음 | 153×234 | 224쪽 | 25,000원
명성 높은 푸드 저널리스트가 직접 모은 전 세계 40종류의 칼 이야기.

셰프가 꿈이라고?
박무현 지음 | 128×188 | 360쪽 | 18,000원
주방의 이상과 현실을 알려주는 선배 셰프의 현실적 조언.

식물을 키우는 즐거움과 요령을 알려주는 식물 재배 대사전

원예의 기본 NEW
Yazawa Hidenaru 지음 | 210×257 | 328쪽 | 29,000원

키우기 쉽고 인기 있는 풀·나무·채소·다육식물 82종의
특징과 재배방법, 번식방법 등을 자세히 설명하였다.
또한 직접 키운 식물을 장식하고, 즐기고, 먹는,
일상 속 원예의 즐거움도 알려준다.

CRAFT
직접 만드는 즐거운 핸드메이드 라이프

거꾸로 뜨는 톱다운 아이옷 (YouTube 동영상)
한미란 지음 | 210×255 | 180쪽 | 19,500원
기본 디자인보다 한층 업그레이드된 톱다운 니팅 기법 수록.

거꾸로 뜨는 톱다운 니팅 (YouTube 동영상)
한미란 지음 | 210×255 | 204쪽 | 20,000원
국내 최초 TOP-DOWN SEAMLESS 뜨개 이론 소개.

한미란의 니트교실 코바늘 뜨기 (YouTube 동영상)
한미란 지음 | 210×255 | 260쪽 | 19,500원
코바늘에 관한 모든 것을 총정리한 '코바늘 뜨기 대사전'.

한미란의 니트교실 대바늘 뜨기 (YouTube 동영상)
한미란 지음 | 210×255 | 168쪽 | 19,000원
손뜨개의 기초부터 전문 응용분야까지 자세하고 친절하게 설명.

PET
반려동물을 이해하고 함께하는 행복한 생활

애견백과사전
Dr. 피터 라킨 · 마이크 스톡먼 지음 | 230×296 | 256쪽 | 29,000원
세계의 다양한 견종을 소개하고, 실제 개를 키울 때 필요한 정보를 수록.

고양이백과사전
앨런 에드워즈 지음 | 230×296 | 256쪽 | 29,000원
세계의 고양이 품종을 총망라하여 생동감 있는 사진과 함께 소개.

처음 시작하는 열대어 기르기
코랄피시 편집부 엮음 | 190×240 | 240쪽 | 17,000원
열대어 기르기와 수초를 아름답게 꾸미는 노하우를 알기 쉽게 설명.

세계의 반려견백과
후지와라 쇼타로 엮음 | 230×296 | 248쪽 | 27,000원
세계 반려견 345종의 성격과 역사, 특징 등 유용한 정보를 수록.

증세와 병명으로 찾는 애견 질병사전
일본 성미당 엮음 | 175×225 | 192쪽 | 13,000원
반려견에게 이상 징후가 있을 때 조기에 발견하도록 도와주는 실용서.

애견의 심리와 행동
미즈코시 미나 감수 | 175×225 | 200쪽 | 13,000원
개의 심리와 행동을 이해하여 좋은 관계를 이루기 위한 가이드북.

노령견과 행복하게 살아가기
나카하다 마사노리 감수 | 175×225 | 192쪽 | 13,000원
노령견에게 나타나는 증상과 그에 대한 대책 및 예방법을 소개.

우리 개 성격별 맞춤 훈련
니와 미에코 감수 | 175×225 | 192쪽 | 14,500원
저마다 다른 반려견의 성격에 맞는 훈련방법을 알기 쉽게 설명.

증세와 병명으로 알아보는 고양이 질병사전
난부 미카 지음 | 175×225 | 168쪽 | 14,500원
고양이 전문 수의사가 경험을 바탕으로 알려주는 고양이 건강 백서.

GREEN
자연과 함께하는 참살이 그린 라이프

다육식물 715 사전
다나베 쇼이치 감수 | 190×257 | 176쪽 | 18,000원
715종의 다육식물 도감과 관리방법, 기초 지식, 모아심기 방법을 수록.

내 손으로 직접 번식시키는 꺾꽂이 접붙이기 휘묻이
다카야나기 요시오 지음 | 210×257 | 256쪽 | 25,000원
인기 나무, 관엽식물, 화초 142종의 번식방법을 그림과 사진으로 설명.

관엽식물 가이드 155
김현정 감수 | 210×257 | 196쪽 | 19,000원
생기 넘치는 초록잎을 즐길 수 있는 관엽식물 155종을 소개하는 책.

사진으로 배우는 분재의 기술
Tokizaki Atsushi 감수 | 210×257 | 208쪽 | 23,000원
사진과 그림, 풍부한 작품 예시로 초보자도 따라 할 수 있는 분재 교과서.

내 손으로 직접 수확하는 과수재배대사전
Kobayashi Mikio 감수 | 210×257 | 272쪽 | 25,000원
인기 과수 82종의 재배방법을 1240장의 사진과 340개의 그림으로 설명.

내 손으로 직접 하는 나무 가지치기
김현정 감수 | 210×257 | 192쪽 | 19,000원
실제 나무 사진과 상세한 그림으로 가지치기를 알기 쉽게 해설.

약용식물대사전 [판매종료 임박]
다나카 고우지 외 1명 지음 | 210×259 | 288쪽 | 29,000원
약용식물의 특징과 효능부터 이용방법까지 사진과 함께 자세히 설명.

채소재배 대백과
정영호 · 홍규현 감수 | 210×259 | 504쪽 | 38,000원
인기 채소 114종의 재배과정을 사진과 그림으로 알기 쉽게 설명.

한눈에 보는 버섯대백과
김현정 감수 | 182×257 | 368쪽 | 32,000원
300여 종의 버섯을 소개한 버섯도감. 독버섯 카탈로그도 유용하다.

Trick dog
together
with friends

트릭 도그

동료견과 함께 연기

마음 맞는 친구들과 함께 연기한다

마음이 잘 맞는 사람들과 함께 하면 트릭도그 훈련은 훨씬 더 즐거울 수 있다. 하지만 개들도 그것을 좋아해야 한다. 여러 동료견들과 함께 여러 연기를 조합하여 또 다른 느낌의 트릭도그 공연을 만들어보면 어떨까? 다른 트레이너와 동료견들과 함께 무궁무진한 트릭도그 연기를 즐겨보자.

쇼핑카트

쇼핑카트를 탄 개가 사람들의 시선을 사로잡는다.
게다가 다른 개가 그 카트를 끌고 있다면 사람들의 놀라움은 훨씬 더 커질 것이다.
이 연기는 대개 독특한 사진 소재로 이용되기 때문에 전 과정이 정적으로 진행된다.

STEP 1 } 기분 좋은 두 마리의 개

이 재미있는 연기를 위한 준비는 기분이 최상인 두 마리의 개와 알록달록한 어린이용 쇼핑카트이다. 그 밖에 스텝타깃(Step-target)과 클리커, 간식을 가득 담은 가방만 있으면 훈련 시작이다.

STEP 2 } 쇼핑카트 고정하기

먼저 첫 번째 개에게 쇼핑카트 안에서 차분하게 앉아 있도록 가르친다. 개가 놀라지 않게 하려면 트레이너가 쇼핑카트 바퀴를 발로 막아서 고정시켜야 한다.

STEP 3 } 편안한 쇼핑카트

개가 쇼핑카트 안에서 편안하려면 개와 카트 크기가 맞아야 한다. 공간이 너무 작거나, 너무 많이 남는 것은 좋지 않다. 모든 것이 잘 맞으면 트레이너가 개를 카트에 앉힌다. 낮은 카트라면 개가 스스로 올라탈 수 있지만, 쇼핑카트는 테두리가 높기 때문에 불가능하다. 이제 트레이너가 「앉아」나 「엎드려」를 지시해야 하는데, 개가 어떤 자세를 가장 편하게 느끼느냐에 따라 지시어를 선택한다. 개가 밖으로 뛰쳐나가지 않도록 보조자가 가까이에서 대기한다. 개가 침착하게 연습에 성공하면 격려해준다.

브레이크 달린 바퀴

보조자가 바퀴를 발로 고정하지 않고 대신 도어스토퍼를 사용하거나 바퀴에 브레이크를 달 수도 있다. 그러면 사진과 같은 포즈가 완성된다.

STEP 4 } 동료견 등장

이제 함께 연기할 친구 차례이므로 쇼핑카트 안에 있던 개는 밖으로 나가도 된다. 두 번째 개는 두 앞발을 특정 물건 위에 올려놓는 것을 이미 배운 상태여야 한다. 따라서 개는 카트 손잡이가 스텝타깃이라는 것을 잘 안다. 개가 앞발로 타깃을 건드리면 바로 보상한다. 다음 단계에서는 앞발을 모두 손잡이에 올려놓도록 배우고, 발을 올려놓고 있는 시간을 점차 늘린다. 개가 잘 따라하지 않으면 처음부터 다시 시작하고, 아주 작은 성과만 보여도 보상한다.

STEP 5 } 첫 번째와 두 번째 개가 함께

첫 번째와 두 번째 개가 모두 과제를 확실히 소화해내면 트레이너는 두 연기를 접목시킨다. 순서상 첫 번째 개를 먼저 카트에 앉히고, 두 번째 개가 손잡이를 잡게 하는 것이 좋다. 두 동작에 특정 지시어를 사용하는데, 예를 들어 앉아 있는 개에게는 「그대로」, 서 있는 개에게는 「밀어」를 지시한다.

다른 개 등에 올라타기

동료견의 등에 올라탄다? 이 행동은 많은 개들이 싫어할 수 있다. 또한 밑에서 쿠션처럼 받쳐주는 역할을 하는 개도 다른 개가 자기 등에 올라타면 신경질적으로 반응할 수 있다. 따라서 이것을 연기하는 개들은 서로 잘 알고 친해야 한다. 그렇지 않으면 싸움이 일어날 수도 있다.

STEP 1 } 커플 연기

이 연기는 다양하게 연출할 수 있는 사진 소재로, 연습에는 2마리의 개와 2명의 트레이너가 필요하다. 각각의 트레이너가 개를 1마리씩 담당하면서 훈련할 때 정확한 지시를 내려야 한다. 그러기 위해서 개는 물론 사람에게도 많은 훈련과 집중력이 요구된다.

STEP 2 } 너는 위, 나는 아래

어떤 구도로 할 것인지는 개의 의사에 달려 있다. 많은 개들이 자신이 아래 누워 있고 다른 개가 자신의 등 위에 올라타서 양 귀 사이에 머리를 대는 것을 싫어하지 않을 것이다. 또 어떤 개들은 이 연기에서 위에 올라가는 것을 선호할 것이다. 일단 훈련을 하면서 각각의 개가 어떤 위치를 가장 편안해하는지 세심하게 관찰해야 한다.

STEP 3 } 스킨십

처음에는 개 1마리에게 「엎드려」 자세를 취하게 한다. 이제 다른 개가 조금씩 다가와서 몸을 접촉하는데, 처음에는 다른 개의 등에 앞발을 대는 것만으로도 충분하다. 이때 트레이너가 타깃으로 개를 유인하여 「올라가」를 지시하고 성공하면 보상한다.

STEP 4　두 발을 어깨 위에

다음에는 아래에 있는 개의 등 위에 다른 개가 앞발 2개를 모두 올려놓고, 실제로 다른 개 위에 올라타게 된다. 이때 개와 트레이너 사이에 커뮤니케이션이 중단되면 안 된다. 그리고 이제 두 트레이너가 개의 시선을 수신호나 말로 조종한다면 이 연기가 전체적으로 정말 프로답게 보일 것이다.

STEP 5　의욕만큼 성과도 크다

이 연기는 원하는 대로 자세를 바꾸거나, 다양하게 난이도를 조절할 수 있다. 트레이너와 개가 어느 정도까지 어려운 난이도를 해내느냐는 개의 의욕에 달려 있다. 재미있으면 개는 어떤 것이라도 따라한다. 하지만 서열본능 같은 주요 습성을 극복하지 못하면 문제가 생길 수도 있다.

꼬리 잡아당기기

개가 다른 개의 꼬리를 잡아당기는 모습은 특이한 상황이다.
이 연기는 두 개의 호흡이 잘 맞아야 하며, 감정 통제가 잘 되는 개들에게 적합하다.

STEP 1 } 살며시 잡기

이 연기의 전제 조건은 다른 개의 꼬리를 물어야 하는 개가 입으로 물건을 물고 있는 것을 배웠어야 할 수 있으며, 또한 믿음직스럽고 지시를 잘 따르는 타입이어야 한다. 꼬리를 세게 물면 안 되므로 미리 부드러운 촉감의 물건으로 살며시 잡는 훈련을 한다.

STEP 2 } 예민한 개는 금물!

이 연기에서 꼬리를 대주는 개는 꼬리 부위가 특별히 예민하면 절대 안 된다. 꼬리를 건드리는 것을 좋아하지 않는 개들이 있으므로 확인한 후 훈련해야 한다. 연기견 훈련은 억지로 하는 것이 아니라 개 스스로 즐거워야만 가능하므로 예민한 개들은 이 연기에서 제외한다. 반면에 장모종인 개는 털이 길어서 다른 개가 꼬리를 잡기에 유리하다. 단모종인 경우에는 민감한 꼬리 부위를 직접 건드리므로 불쾌해할 수 있다.

STEP 3 } **꼬리 도둑이 다가온다**

모든 전제 조건이 갖추어지면 본격적으로 훈련을 시작한다. 먼저 트레이너가 첫 번째 개에게 특정 위치로 오도록 지시한다. 첫 번째 개가 그곳에서 움직이지 않고 서 있으면, 두 번째 개가 첫 번째 개의 뒤로 다가오게 한다. 첫 번째 트레이너는 서 있는 개에게 집중하고, 두 번째 트레이너는 자신의 개에게 서 있는 개의 꼬리를 물도록 지시한다.

STEP 4 } **훈련은 침착하고 조심스럽게**

두 번째 개의 트레이너가 서 있는 첫 번째 개의 꼬리를 물고 있으라고 지시한다. 꼬리를 살살 물도록 모든 과정을 아주 침착하고 조심스럽게 진행해야 한다. 만약 개가 상처를 입으면 놀이 시간을 가진 다음에 다시 시도한다.

> **tip**
> **개가 놀라지 않게 하려면**
> 처음에는 서 있는 개가 고개를 돌려 뒤에서 일어나는 일을 모두 볼 수 있게 한다. 그러면 개가 놀라지 않을 것이다. 나중에는 개의 시선이 트레이너가 지시하는 곳을 향하게 한다.

서랍장의 개들

이 연기는 난이도가 매우 높은 요소들을 결합시킨 걸작품이다. 또한, 각각의 개가 자신의 트레이너의 지시를 받기 때문에 팀별로 집중을 잘 해야 한다.

STEP 1 } 서랍장과 그 밖의 준비물

이 연기는 많은 노력과 시간이 요구되지만 성공하면 보람을 느낄 것이다. 마음이 맞는 동료들과 함께 해서 즐겁고, 한편으로는 기분전환도 되는 동시에 자신의 반려견에게 새로운 것을 훈련시킬 수 있는 절호의 기회이기 때문이다. 그럼 훈련에 필요한 것은 무엇일까? 개 1마리가 들어갈 만큼 큼직한 서랍이 있는 가구와, 독특한 사진 소재를 보다 환상적으로 만들어줄 소품들이 있으면 된다. 개들은 여기서 작은 모형 로마 전차와 멋진 선글라스, 종이 시가, 플라스틱 병 등을 이용하여 연기한다.

STEP 2 } 퍼즐 맞춤 같은 종합 공연

다음의 개별 포즈들은 다양한 연기들이 결합된 종합 공연을 성공적으로 연출하는 데 도움이 된다. 서랍장 안에 들어가 있는 개, 부끄러움을 타는 개, 짖어대며 전차를 모는 개, 막강한 마피아 보스, 병을 들고 있는 개 외에도 즉흥적으로 할 수 있는 귀엽고 재미있는 포즈는 얼마든지 있다. 상상력에는 한계가 없다.

STEP 3 } 가장 안정적인 개부터 참을성 없는 개 순서로

이 연기는 자기 포즈를 가장 안정적으로 소화해내는 개부터 시작한다. 트레이너는 그 개를 서랍장까지 데려가서 원하는 곳에 세운 뒤 몇 미터 떨어져 있는다. 두 번째 트레이너와 다음 트레이너도 자신의 개

와 함께 출발하고, 가장 참을성이 없는 개를 맨마지막 순서로 배치한다.

STEP 4 } 트레이너는 각자 자신의 개에게 집중

이제 개와 트레이너 사이의 유대가 얼마나 탄탄한지 나타날 것이다. 사실 오른쪽에서는 누군가 물구나무를 서고, 왼쪽에서는 또 다른 개가 서랍장 안으로 들어가는 상황에서 개가 정해진 자신의 과제에 집중하기란 매우 힘들다.

STEP 5 } 서서히 난이도 높이기

이 연기는 다양하게 바꾸어 연출할 수도 있다. 먼저 2~3마리의 개를 등장시킨 다음 점차 수를 늘려가는 것이 좋다. 어떤 개가 계속해서 구도 밖으로 벗어나면 그 개를 빼내서 안정적으로 할 수 있을 때까지 개별 훈련을 반복한 다음 다른 개들과 함께 훈련시킨다. 성공하면 난이도를 조금씩 높인다.

꽃을 선물하는 신사

한 마리는 꽃을 건네는 매력적인 신사가 되고,
또 다른 개는 화려한 꽃다발 선물이 마음에 들어 흔쾌히 호의를 받아들인다.
겉으로는 단순해 보이지만 동시에 여러 가지를 해내야 하므로 난이도가 높다.

STEP 1 } 혼자 꽃 들고 있기

먼저 한 마리에게 조화를 물고 있게 훈련시킨다.(p.18~19 참고) 이때 개가 꽃을 씹어 먹지 않도록 주의한다.

STEP 2 } 물고 있는 꽃 가져가기

2마리가 서로 가까이 다가가는데, 처음에는 둘 사이의 거리를 멀리 떼어놓는다. 만약 하나가 다른 개의 입에서 꽃을 가져간다면 아주 대담해 보일 것이다. 꽃을 뺏길 개가 입을 꽉 다물지 않도록 트레이너는 개들의 거리를 조금씩 좁혀가면서 서로에게 익숙해지도록 한다. 또 꽃을 가져갈 개는 다음 훈련이 되어 있어야 한다. 첫째, 입에 꽃을 문 채 떨어뜨리지 않고 걸어간다. 둘째, 걸음을 멈추고 앉아서 지시에 따라 꽃을 내려놓는다.

STEP 3 } 품위 있게 걷기

이번 연습에는 난이도 높은 「앉아, 기다려」가 포함되어 있다. 먼저 하나가 입에 꽃을 물고 트레이너의 2m 앞쪽에 앉아 있고, 트레이너는 개에게 천천히 오라고 지시한다. 속도는 소리와 몸짓으로 조절할 수 있다. 나중에는 거리를 더 멀리 한다. 꽃이 바닥에 떨어지면 개에게 꽃을 줍게 하고, 처음부터 연습을 다시 시작한다.

STEP 4 절대 줄다리기 놀이가 아니다

줄다리기처럼 보일 수도 있지만 절대 그렇게 해서는 안 된다. 따라서 먼저 개들에게 옆으로 나란히 앉아서 1m 길이의 해바라기 조화 양 끝을 밀고 당기는 일 없이 각자 입에 물고 있게 한다. 둘 다 이 자세로 자신의 트레이너를 바라보고 있게 하기 때문에 문제는 잘 교정될 것이다. 그런 다음 서로 마주보고 서게 하여 연습을 반복한다.

STEP 5 고도의 집중력을 요구

이 연기에서는 동시에 여러 가지를 지시하기 때문에 2명의 트레이너와 함께 연습하는 것이 좋다. 개들에게는 최고의 집중력이 요구된다. 트레이너가 각자 자신의 개를 조종하고, 동시에 꽃을 문 개와 받아갈 개가 서로에게 가까이 다가간다.

STEP 6 자제력도 필수

이제 두 마리의 개는 여기저기 뛰어다니면서 놀지 않을 만큼 자제력이 생겼을 것이다. 사진의 시라노와 스컬리처럼 잘 할 수 있으려면 여러 차례 반복해서 철저히 연습해야 한다.

STEP 7 꽃 건네주기

트레이너가 「놔」라고 지시하면 이 연기가 끝난다. 개가 물고 있는 것을 다른 누군가에게 건네는 것이 쉬운 일은 아니지만 시라노는 지시에 잘 따른다.

로마 전차

오래 전 영화 『벤허』의 팬이라면 이 사진 포즈에 감탄을 금치 못할 것이다. 실제로 말이 발굽소리를 내면서 전차 행진을 하지는 않지만, 멋진 개와 로마시대 모형 전차와의 조합은 그에 못지않게 훌륭한 볼거리다.

STEP 1 } 소품 만들기

집에서 무엇을 만들거나 조립하기를 즐기는 사람이라면 이 연기를 할 때 유리하다. 손재주가 없는 사람은 시각적 효과를 위해 전문가에게 작은 로마 전차 제작을 의뢰해야 한다. 개성 넘치는 소품 역시 즐거운 볼거리이므로 노력이 결코 헛되지 않을 것이다.

STEP 2 } 개가 혼자서 갖출 수 있는 마구 준비

소품으로 만든 로마 전차는 개가 머리를 마구에 밀어 넣어 혼자서도 갖출 수 있게 되어 있다. 따라서 훈련의 난이도가 매우 높지만 그 효과도 훨씬 크다.

STEP 3 } 재빨리 마구 갖추기

모든 과정을 트레이너와 멀리 떨어진 곳에서 하려면 개가 미리 특정 목표물을 찾아가는 것을 배워두어야 한다. 다음에는 개에게 머리를 능숙하게 움직여 가죽띠로 된 마구를 걸치는 방법을 가르쳐야 한다. 이때 트레이너가 간식을 개의 머리 위로 움직여서 유도하면 쉽다. 이것을 지시어와 함께 반복 연습하고 먼 곳에서 지시하는 것도 연습한다.

STEP 4 } **차분하게 기다리기**

이번에는 개가 마구를 갖추고 차분하게 서 있는 것을 배울 차례이다. 트레이너가 말로 지시하면 개가 마구에 머리를 밀어 넣고 로마 전차 바로 앞에 서 있는다. 수신호나 「그대로」란 지시어를 사용하면 잘 따른다.

STEP 5 } **전차 끌기**

이 연기는 개가 로마 전차를 끄는 것이기 때문에 개의 움직임에 따라 분위기가 고조된다. 처음 연습할 때는 개가 낯선 소음에 익숙해지도록 몇㎝만 가는 것으로도 만족한다. 아스팔트처럼 바닥이 울퉁불퉁하지 않은 곳에서 연습하는 것이 좋다.

STEP 6 } **전차를 모는 개의 조건**

다른 개가 로마 전차 뒤에 타면 분위기가 더 고조된다. 전차에 타는 개는 물건 위에 앉아서 흔들림 없이 자세를 유지하는 방법을 미리 익힌 개여야 한다. 이것은 주로 사진 소재가 되는데, 사진 찍을 때는 전차를 모는 개나 뒤에 탄 개가 모두 멈춰 있어야 한다. 실제로 전차를 끌어야 한다면, 말 역할을 하는 개가 뒤에 타는 개보다 훨씬 크고 힘이 좋아야 하며, 달리기에 적합한 튼튼한 수레가 필수 조건이다.

샤이엔을 위하여 For Cheyenne

이 책을 나의 오랜 반려견이며, 독일에서 서커스 성격이 배제된
트릭도그(연기견) 공연을 대중 앞에 처음 선보였던
샤이엔에게 바칩니다.

샤이엔은 독일의 첫 번째 트릭도그였습니다.
경이로움 그 자체인 샤이엔이 없었다면
트릭도그는 분명히 다른 방식으로 발전했을 것입니다.

샤이엔은 안타깝게도 이 책을 기획하기 전에 세상을 떠났지만,
이 헌사를 통해 언제까지 우리 곁에 머물 것입니다.

감사의 말 Thanks to

항상 즐거운 마음으로 함께해준 탁월한 팀워크의 'Trick Dogs' 팀원 모두 감사합니다. 그들은 언제나 새로운 아이디어들로 반짝였고, 그들의 노력이 모두 이 책에 반영되어 있습니다. 사진 촬영과 원고 작성에 그들의 도움이 없었다면 이 책을 이렇게 알차고 풍성하게 만들 수 없었을 것입니다.

또한, 이 책을 만들기 위해 애쓴 많은 분들과 그들의 반려견들에게도 감사드립니다. 그들이 없었다면 우리의 훈련은 결코 가능하지 않았을 것입니다. 써니, 롭헨, 샘, 닌자, 발루, 엔자, 키오나, 펠리, 프린체사, 찰리, 다키, 피아, 인디아를 비롯하여 훌륭한 모든 연기견들에게 특별히 감사의 마음을 전합니다.

이 책과 멋진 사진 작업을 함께 한 가브리엘레 메츠 씨와 마르크 헤프너 씨에게도 매우 고마운 마음입니다.

언제나 내 곁에서 나의 엉뚱한 계획을 믿어주고 아이디어로 발전시키고 현실화 하는 데 아낌없는 지원을 해준 남편에게 특별히 고마움을 전합니다.

마지막으로 언제나 즐겁게 나의 아이디어를 현실로 만들어준 나의 반려견들에게도 고마운 마음 전합니다.

INDEX

ㄱ
가져오기 20
가져오기 타깃 23
구르기 38
귀 막기 54
긁기 27
기마병 행군 44
기어오르기 24
기초 연기 7
꼬리 잡아당기기 114
꽃 들고 있기 98
꽃에 물주기 84
꽃을 선물하는 신사 118

ㄴㄷ
낚시하기 100
느린 동작 29
다른 개 등에 올라타기 112
다리 꼬기 60
다리 절기 58
다친 몸 끌면서 가기 51
돌기 훈련 32
동료견과 함께 연기 109
동적인 동작 24, 28
뒷걸음질 92
뒷발로 서서 밀기 34
뒷다리 들어 올리기 68
땅파기 37
뛰어넘기 30

ㄹㅁ
로마 전차 120
머리 흔들기 27
메이크업 64
모형 소시지 22
물건 잡아당기기 33

물건 주위 돌기 32
물건을 받아서 물고 있기 18
물구나무서기 92

ㅂ
박스에 병 정리하기 86
부끄럼 타기 72
브레이크 댄스 46
빅 보스 76
빠른 동작 29
뻥! 47

ㅅ
사진 모델 76
사회적인 접촉 8
살살 물기 37
상자벽 통과하기 80
서랍 속에 들어가기 94
서랍장의 개들 116
소시지 물어오기 22
소품을 이용한 연기 75
쇼핑카트 110
스케이트보드 타기 78
스텝타깃(Step-target) 17, 24
신뢰 8
신발끈 풀기 70
쓰레기 분리수거 88

ㅇ
앉기 24
앞구르기 52
앞발 접기 56
앞발 주기 57
오뚝이 52
옷 벗기기 66
완전히 죽기 50

우체통 속 우편물 104
원격 조종 12
이불 덮기 39
일관성 9

ㅈㅊ
잡아당기기 32
잭팟 15
전화하기 90
절하기 40
점프 훈련 30
정적인 동작 24, 28
죽기 48
줄넘기 82
줄타기 96
줄타기 소품을 만드는 방법 97
지시어 10
지시어로만 연기 43
짖기 26
차렷 자세 54
청소하기 23

ㅋㅌ
클리커 14, 73, 90
타고난 행동습성 이용 26
타기 24
타깃 훈련 16
타깃스틱(Traget-stick) 16
터치타깃(Touch-target) 16, 32
통과하기 30

ㅍㅎ
포로놀이 71
하품하기 26
헤드뱅잉 62

● 옮긴이_ 여인혜

독일에서 청소년기를 보내면서 독일문학에 대한 꿈을 키웠으며, 서강대와 서울대 대학원에서 독어독문학을 공부했다. 현재 밀크우드 에이전시의 공동 대표로 있으며, 아직 국내에 출간되지 않은 독일어권 책과 영미권 책을 발굴하여 국내 출판사에 소개하는 일을 하고 있다. 번역에도 큰 열정을 갖고 있으며, 옮긴 책으로는『보물찾기 대모험』(헨드리크 요나스 지음)이 있다.

더 많은 도전과 모험을 즐기는 개를 위한
우리 개 스타 탄생

펴낸이 | 유재영
펴낸곳 | 그린홈
지은이 | 지모네 되프 / 가브리엘레 메츠
옮긴이 | 여인혜

기 획 | 이화진
편 집 | 김기숙
디자인 | 임수미

1판 1쇄 | 2011년 10월 10일
출판등록 | 1987년 11월 27일 제10-149
주소 | 121-884 서울 마포구 합정동 359-19
전화 | 324-6130, 324-6131
팩스 | 324-6135

E-메일 | dhak1@paran.com
　　　　 dhsbook@hanmail.net
홈페이지 | www.donghaksa.co.kr
　　　　　www.green-home.co.kr

ISBN 978-89-7190-356-8 13490

Trick Dogs
Copyright ⓒ 2009 Franckh-Kosmos
Verlags-GmbH & Co. KG, Stuttgart.
Korean translation copyright ⓒ 2011,
by Donghak Publishing Co.
All rights reserved.
Korean translation rights arranged
with Franckh-Kosmos Verlags-GmbH & Co. KG
through Milkwood Agency, Seoul, Korea.

이 책의 한국어판 저작권은
밀크우드 에이전시를 통해 독일 저작권자인
Franckh-Kosmos Verlags-GmbH & Co. KG와
독점 계약한 동학사(그린홈)에 있습니다.
저작권법에 의해 한국 내에서 보호를 받는
저작물이므로 어떠한 형태로든 무단전재나 복제,
광전자 매체 수록 등을 금합니다.

※ 잘못된 책은 바꾸어 드립니다.
※ Green Home 은 취미·실용서를 출간하는 도서출판 동학사의 디비전입니다.

Green Home Pet-Book

반려동물과 가족 모두 행복해지는

CRAFT

내 사랑을 입힌다
작은 강아지를 위한 스웨터&소품
미츠키 호사 + 요코 이마무라 지음 | 190×245 | 값 13,000원

소중한 반려견에게 따뜻하고 활동하기 좋은 니트 스웨터와 장난감을 직접 만들어 줄 수 있는 다양한 아이디어를 소개하고 있다. 직접 치수를 재서 만들기 때문에 사 입히는 옷보다 몸에 잘 맞고, 귀여운 강아지를 더욱 돋보이게 하는 디자인도 골라 뜰 수 있다.

톡톡 튀는
냥이's 아이디어 소품 DIY
성미당출판편집부 지음 | 182×235 | 값 13,000원

사랑하는 고양이를 위한, 세상에 단 하나뿐인 개성 있는 소품과 장난감 만드는 방법을 소개한다. 주변에 있는 물건들을 이용하여 누구나 값싸고 간단하게 만들 수 있다. 아이디어가 톡톡 튀는 소품들로 고양이와의 생활이 더욱 즐거워진다.

DOG

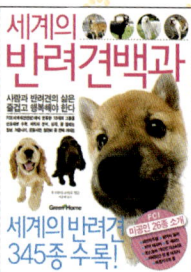

세계의 반려견백과
후지와라 쇼타로 엮음
230×296 | 248쪽
27,000원

세계의 반려견 345종에 대한 유용한 정보를 소개한 책. 태어나서 처음 반려견을 맞이하거나, 예전에 키워보지 못한 종류를 반려견으로 맞았을 때 궁금한 점을 풀어준다.

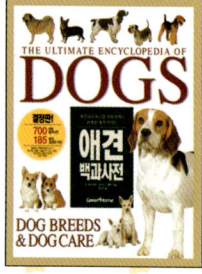

애견 백과사전
Dr.피터 라킨 · 마이크 스톡먼 지음 | 230×296
256쪽 | 값 27,000원

세계 185종의 방대한 견종을 700여 컷의 생생한 사진과 함께 소개하였다. 견종에 따른 영양과 식사, 털 손질, 운동량과 운동방법, 각 견종의 독특한 개성과 성격, 연령별 개 기르기의 전문지식까지 애견인들에게 꼭 필요한 실용정보가 가득하다.

재미있게 가르치는
우리개 완벽 훈련 100
사라 피셔 + 마리 밀러 지음
210×276 | 144쪽
값 15,000원

우리개가 더욱 완벽해지는 즐거운 훈련 방법 100가지. 개의 감각을 자극시켜주고 차분하게 안정시키는 티터치와 즐겁게 놀면서 가르칠 수 있는 클리커 훈련 방법을 소개하고 있다. 칭찬하고 격려하는 긍정적 훈련 방법을 통해 반려견이 더욱 완벽해진다.

우리 개 성격별 맞춤 훈련
니와 미에코 감수
175×225 | 192쪽
값 14,500원

사람의 성격이 저마다 다른 것처럼 제멋대로 행동하는 성격, 고집이 센 성격, 밝고 명랑한 성격, 겁이 많은 성격 등 개의 성격도 다양하다. 이 책은 지금까지 소개된 단순한 훈련 방법에서 한 걸음 더 나아가 각각의 반려견 성격에 맞는 훈련 방법을 소개하고 있다.

대표전화 02-324-6130 | 팩스 02-324-6135 | 121-884 서울시 마포구 합정동 359-19

매너 좋고 말 잘 듣는
우리 개 훈련 START
주부와 생활사 엮음
175×225 | 160쪽
값 13,000원

개도 사람과 마찬가지로 어릴 때의 습관은 커서도 남아 있다. 그렇기 때문에 개한테도 가정교육은 꼭 필요하다. 이 책은 616개의 그림이 있어 훈련방법을 한눈에 쉽게 이해할 수 있다. '길들이는 방법'은 기본이고, 개인기도 가르칠 수 있다.

증세와 병명으로 찾는
애견 질병 사전
일본 성미당 엮음
175×225 | 192쪽
값 13,000원

평소 애견의 건강상태를 체크하고 애견 질병에 대해 알아 두어 신체적으로 이상 징후가 있을 때 조기 발견하여 치료할 수 있도록 도와주는 실용서이다. 일사병·출혈 등 유사시의 응급처치법과 애견 종류별로 잘 걸리는 병을 소개하였다.

애견의 심리와 행동
미즈코시 미나 감수
175×225 | 200쪽
값 13,000원

수의학과 동물행동학으로 살펴본 개의 심리와 행동의 의미를 설명. 개의 마음과 행동을 이해하여 가족과 반려동물이 좋은 관계를 이루기 위한 가이드북이다. 개의 마음과 행동을 아는 것으로, 왜 여러분의 개가 그렇게 행동하는지를 알 수 있다.

노령견과 행복하게 살아가기
나카하다 마사노리 감수
175×225 | 192쪽
값 13,000원

애견들의 문제행동이 노화 때문인지, 아니면 질병의 증후인지를 판단하기 어려운 경우가 많다. 이 책은 노령견에서 나타나는 행동, 몸짓 등을 그림으로 쉽게 알아볼 수 있도록 도와주며, 증상이 나타날 때의 대책과 예방법 등을 알려준다.

내 개는 왜 나쁜 행동을 할까?
그웬 베일리 지음
175×225 | 128쪽
값 11,000원

애완동물 행동 심리상담사로서 14년간 경험을 쌓은 저자 그웬 베일리는 개의 행동과 심리에 관한 다양한 질문을 전문지식을 바탕으로 Q&A 형식으로 이 책에서 해결하고 있으며, 나아가 다른 일반적인 문제들에 대해서도 실용적인 정보를 제시한다.

인기실내견 선택 방법·기르는 방법
사쿠사 카즈마사 감수
175×225 | 192쪽
값 13,000원

우선 강아지를 선택할 때는 가족 모두에게 맞는 종류를 선택하는 것이 무엇보다 중요하다. 이 책은 귀여운 실내견 29종의 사진과 함께 강아지 종류마다 각각의 성격과 특징, 길들이는 포인트와 기르는 포인트까지 실용적인 정보가 가득하다.

www.donghaksa.co.kr www.green-home.co.kr

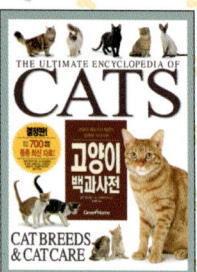

고양이 백과사전

앨런 에드워즈 지음
230×296 | 256쪽
값 27,000원

고양이 종류와 선택 백과

다카노 겐지 지음
148×211 | 128쪽
값 10,000원

전 세계 품종을 총망라한 완벽한 고양이 가이드북. 각 품종의 특징과 성격은 물론 유용한 최신 정보가 들어 있다. 고양이 선택 방법과 구입, 일상 관리, 교배와 번식 등을 단계별 사진과 함께 자세히 설명하였고, 세계 각국의 캣쇼 정보도 알아본다.

세계적으로 유명한 고양이 32종을 소개. 고양이의 역사, 신체 특징, 선택 방법, 건강 체크, 식사, 관리, 주거환경, 훈련, 자신에게 맞는 고양이 찾기, 혈액형으로 알아보는 나와 잘 어울리는 고양이 등 유용한 정보 또한 이 책의 특징이다.

증세와 병명으로 알아보는 고양이 질병사전

난부 미카 지음
175×225 | 168쪽
값 14,500원

고양이가 원하는 고양이 기르기

조사키 테츠 지음
175×225 | 248쪽
값 13,000원

고양이 전문병원을 운영하는 저자가 전문지식과 경험을 바탕으로 자세하게 기록한 '고양이 의학서'이다. 고양이 몸에 나타난 작은 증세나 행동 하나 놓치지 않고 고양이 몸에 이상이 있을 때 빨리 알아차려 대처하고 치료하는 방법을 알려준다.

저자가 직접 키우면서 알게 된 고양이에 대한 유용한 정보가 가득하다. 수의사도 가르쳐주지 않는, 고양이 전문서에도 쓰여 있지 않은 생생한 정보를 통해 진정으로 고양이와 가족이 되는 방법을 찾을 수 있을 것이다.

처음이야, 고양이랑 같이 사는 건!

모리타 모리나 지음
140×188 | 136쪽
값 10,000원

모습은 까칠해도 성격은 온순한 고슴도치 기르기

오오노 미즈에 지음
175×225 | 192쪽
값 16,500원

서로 함께 사는 것이 처음인 고양이 미케와 내가 우왕좌왕 좌충우돌 생활하면서 조금씩 서로를 이해해가면서 신뢰와 사랑을 쌓는 이야기다. 입양준비, 식사, 털관리, 목욕, 배변훈련, 질병관리, 중성화수술, 놀이와 장난감 등에 관한 이야기가 재미있는 그림과 함께 펼쳐진다.

고슴도치의 종류부터 생활모습, 식사, 교배, 질병까지 고슴도치에 대한 모든 정보를 한 권에 담은 고슴도치 완벽 가이드. 모습은 까칠해도 친해지면 귀여운 눈동자로 주인을 바라보는 고슴도치와 함께 살아가는 데 도움이 되는 정보를 소개하고 있다.